Marianne Gujer
Michael Andres

Freizeit Reisen Tourismus

...eine Projektmappe

Verlag an der Ruhr

IMPRESSUM

Titel: Freizeit – Reisen – Tourismus
Eine Projektmappe
(ab Klasse 5)
AutorInnen: Marianne Gujer
Michael Andres

Illustrationen: Pfuschi-Cartoon, © Heinz Pfister
Satz/Layout: Beate Korenjak & Partner, Düsseldorf
Druck: Uwe Nolte
Verlag: Verlag an der Ruhr
Postfach 10 22 51 · 45422 Mülheim an der Ruhr
Telefon 02 08/49 50 40 · Fax 02 08/495 0 495

© Verlag an der Ruhr, März 1998
ISBN 3-86072-368-5

Eine Koproduktion von

Verlag an der Ruhr

Arbeitsgemeinschaft
Swissaid
Fastenopfer
Brot für alle
Helvetas
Caritas

arbeitskreis tourismus und entwicklung

missionsstrasse 21
4003 basel   tel.: 061/261 47 42

Mit der finanziellen Unterstützung der Direktion für Entwicklung und Zusammenarbeit (DEZA), Schweiz.

Wir danken den Kollegen Walter Mahler und Martin Better (Amt für Berufsbildung, Fachstelle Umwelt, Zürich) für ihre konstruktive Mitarbeit.

Inhaltsverzeichnis

Impressum 2

Einleitung

Tourismus geht uns alle an 4
Zeichenerklärung 6

Kapitel 1 — Freizeit & Reisen

Einleitung 7
Alle reisen 8
Alle reisen? Gar nicht wahr! 9
Die schönsten Wochen im Jahr! 10
Was sind für dich die
wichtigsten Erlebnisse im Urlaub? . . 11
Interview:
Die schönsten Ferienerlebnisse 12
Muss Urlaub überhaupt sein? 13
Gedanken und Sprichwörter
zum Tourismus 14
Die totale
Freizeit-Mobilmachung 16
Zunehmende Freizeit:
Glücklichere Menschen? 17
Was heißt „Tourismus"? 18
Was heißt „Freizeit"? 19
Werbung und Wirklichkeit 21

Kapitel 2 — Geschichte

Einleitung 23
Anfänge des Tourismus:
Pyramiden, Sport, Sand und Meer . . 24
Lag Cäsar auch schon am Strand? . . 25
Die adlige Kavalierstour –
Die „Grand Tour" 26
Badereisen –
eine Angelegenheit für
den Adel und die Reichen 28
Die organisierte Reise:
Thomas Cook 30
Yuan Zuzhi in Europa 33
Tourismus in den Alpen 35
Urlaub und Politik 37

Kapitel 3 — Wirtschaft

Einleitung 39
Weltweiter Tourismus:
Zahlen zum Rechnen! 40
Wie viel Geld wird für Freizeit
und Ferien ausgegeben? 41
Die beliebtesten Reiseziele 1996 . . . 42
Was kostet deine Reise? 43
Tourismus und Arbeitsplätze 44
Wo bleibt das Geld
der TouristInnen? 46
Prognosen – eine Angelegenheit
für Zukunftsforscher 49

Kapitel 4 — Ökologie

Einleitung 50
Die Natur muss weichen 51
Unser Ferienort
ist ihr Lebensraum 53
Zurück zur Natur –
mit Auto und Flugzeug? 55
Wenn einer eine Reise tut …
… verbraucht er Energie! 56
Fliegen wird immer billiger 57
Neue Belastungen
durch neue Sportarten 59
Checkliste 60

Kapitel 5 — Soziokulturelle Auswirkungen

Einleitung 61
Zusammenprall
verschiedener Welten 63
TouristInnen sind
immer die anderen 64
Alle wollen fremde Kulturen
kennen lernen – wirklich? 65
Sextourismus 66
Bilder über „die Anderen" –
oder alles einmal umgekehrt 67
Fremdes im Alltag 68
Die heilsame Erfahrung des
Charles Dickens 69
Hintergründe von Vorurteilen 70
Süßsaure Touristenfreuden 72
Urlaub in der Dritten Welt –
als Kunde sind Sie König! 73
„Freundschaft suchen doch
die meisten Menschen." 74

Kapitel 6 — Politik

Einleitung 75
Zeitungsschlagzeilen 76
Zum Beispiel Türkei 77
Nichts gesehen, nichts gehört …
Tourismus und Menschenrechte . . . 78
Boykott!? 79
Wenn das große Geld lockt,
bleiben die Menschenrechte
auf der Strecke 81

Kapitel 7 — Anders Reisen

Einleitung 83
Ein Land anders
kennen lernen, z. B. … 84
Eine andere Art,
Ferien zu verbringen – 85
Hart wird es, wenn alle
auf die sanfte Tour wollen 88
„Sua Bali" in Indonesien 89
Sanfter Tourismus 91
Produktedeklaration:
bessere Information – bessere
Entscheidung 94

Anhang

Literatur
Printmedien
Filme 100

© Verlag an der Ruhr, Postfach
45422 Mülheim an der Ruhr

Freizeit – Reisen – Tourismus
Eine Projektmappe

EINLEITUNG

Tourismus geht uns alle an

Konzept der Aktivmappe

Die Mappe verfolgt einen eher tourismuskritischen Ansatz. Sie will zu einer Auseinandersetzung mit den verschiedenen Auswirkungen des Tourismus anregen. Ausgehend von den Erfahrungen der SchülerInnen werden Zusammenhänge und Sachverhalte aufgezeigt, die in den Hochglanzprospekten der Reiseveranstalter meistens nicht aufgegriffen werden. Niemandem sollen seine verdienten Urlaubstage vermiest werden, aber die Aufforderung zu einer bewussten Auseinandersetzung mit dem eigenen Freizeit- und Reiseverhalten wird gefördert. Es gibt keine Patentrezepte für einen umwelt- und sozialverträglichen Tourismus, oft ist schon das Wahrnehmen und Durchschauen unseres eigenen widersprüchlichen Verhaltens ein Ziel ...

Die Aktivmappe ist in sieben thematische Kapitel aufgeteilt, die unabhängig voneinander bearbeitet werden können. Jedem Kapitel ist für Sie als LehrerIn eine Einleitung vorangestellt. Sie beinhaltet eine thematische Zusammenfassung und die

Der grosse Bereich Freizeit – Reisen – Tourismus geht heute alle etwas an. Die „Betroffenheit" ist über die eigene Freizeitgestaltung und Ferienplanung gegeben: Es ist schwierig, sich den Angeboten, Normen, Zwängen, Sehnsüchten und Wünschen zu entziehen. Aber wir können versuchen, die vielfältigen Auswirkungen des Tourismus aufzuzeigen, mehr über sie zu erfahren, ihnen auf die Spur zu kommen.

Tourismus ist mehr als Menschen, die reisen: Tourismus gilt als einer der weltweit wichtigsten Wirtschaftszweige. Laut der in Madrid ansässigen Welttourismusorganisation WTO wurden 1996 weltweit 592 Millionen grenzüberschreitende Reisen unternommen, die insgesamt 423 Milliarden US-Dollar Einnahmen brachten (Vergleich 1960: 71 Millionen Auslandsreisen; 6,8 Milliarden US-Dollar). Die Veränderungen in dieser Branche in den letzten 35 Jahren, d.h. seit Beginn des Massentourismus, sind enorm und die Voraussagen sind ebenfalls gigantisch. Im Jahr 2010 werden eine Milliarde und im Jahr 2020 1,6 Milliarden internationale Ankünfte erreicht werden. Rund um die Erde sind heute 212 Millionen Menschen im Tourismus- und Reisesektor beschäftigt, das sind 10,7% des weltweiten Arbeitsmarktes. Diese riesigen Zuwachsraten und die damit verbundene Erschließung neuer Märkte gehen nicht spurlos an uns vorbei: Es wurden und werden Bedürfnisse geschaffen, die nicht mehr wegzudenken sind.

Tourismus ist ein Teil unserer Kultur, unseres Lebens geworden. In den bereisten Ländern sind die Auswirkungen dieses Wirtschaftszweiges in ökonomischer, ökologischer und soziokultureller Hinsicht noch gravierender. Viele Länder des Südens setzen bei den sinkenden Rohstoffpreisen auf den Tourismus in der Hoffnung, so zu Devisen zu kommen. Damit werden vielfach Abhängigkeiten geschaffen bzw. verstärkt, die auch sonst die Nord-Süd-Beziehungen prägen. Aber nicht nur die Auslandsreisen haben zugenommen, auch die Mobilität in unserer näheren Umgebung und im eigenen Land hat beträchtlich zugelegt.

© Verlag an der Ruhr, Postfach
45422 Mülheim an der Ruhr

Freizeit – Reisen – Tourismus
Eine Projektmappe

Einleitung

Lernziele. Da wir davon ausgehen, dass in den meisten Fällen auch innerhalb der einzelnen Kapitel nicht alle Unterlagen aufgegriffen werden, können Sie auch hier eine Auswahl nach Ihren Vorstellungen und zeitlichen Möglichkeiten treffen.

Die Arbeitsvorschläge sind als Anregungen für Sie gedacht, wie mit den Unterlagen gearbeitet werden kann. Sie sind nach der vorgeschlagenen Lernform gekennzeichnet. Die Aktivmappe richtet sich an SchülerInnen der Sekundarstufen I und II. Je nach Stufe und Vorkenntnissen der SchülerInnen können die Arbeitsvorschläge angepasst werden. Möchten Sie ganz oder teilweise auf die Arbeitsvorschläge verzichten, decken Sie diese ganz einfach auf der Kopiervorlage ab. Eine Literaturliste und Angaben zu weiteren didaktischen Materialien zum Thema befinden sich im Anhang.

Lernformen

Die Arbeitsanregungen fördern die Methoden- und die Kommunikationskompetenz der SchülerInnen auf den verschiedensten Ebenen.

Methodenkompetenz beinhaltet die Arbeitsorganisation, die Lern- und Arbeitstechniken und die Präsentationstechnik. Die Aktivmappe lässt für die Arbeitsorganisation verschiedene Zugänge offen: Einzelarbeiten, Kleingruppen oder Plenumsdiskussionen werden je nach Stoff vorgeschlagen. Die vorgeschlagenen Lern- und Arbeitstechniken reichen vom einfachen Lesen über Brainstormingmethoden, Stichwortkonzepte, Mind Mapping®, Notizen und Zusammenfassungen bis hin zu Korrespondenzaufgaben und selbstständiger Informationsbeschaffung. Die SchülerInnen werden zu verschiedenen Präsentationstechniken angeregt (kurze Referate, szenische Darstellungen, Gruppenpräsentationen, schriftliche Stellungnahmen, visuelle Gestaltungen von erarbeiteten Inhalten).

Die Kommunikationskompetenzen werden hauptsächlich in den zwei Bereichen Dokumentieren und Argumentieren gefördert. Die SchülerInnen sollen Materialien zu Sachverhalten zusammenstellen, Wesentliches aus Texten herauslesen, Zusammenfassungen schreiben. Sie lernen zu argumentieren: in Gesprächen, Debatten, Interviews, Plenumsdiskussionen und Referaten.

ZEICHENERKLÄRUNG

lesen

lesen und nachdenken

Lösungen suchen

schreiben

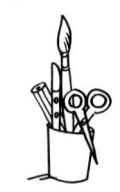

bildnerisches Gestalten

Rollenspiel

diskutieren

interviewen

© Verlag an der Ruhr, Postfach
45422 Mülheim an der Ruhr

Freizeit – Reisen – Tourismus
Eine Projektmappe

Kapitel 1

FREIZEIT & REISEN

Einleitung

Wir kennen sie, die Diskussionen über Freizeit, um zu viel oder zu wenig davon, um sinnvolle, ökologische, rastlose freie Zeit, um unsere zunehmende weltweite Mobilität mit all ihren Folgen. Tatsache ist, dass wir noch nie so wenig arbeiten mussten wie heute (das Problem der zunehmenden Zahl von Menschen, die arbeiten möchten, aber nicht können, sei hier ausgeklammert). Noch am Anfang unseres Jahrhunderts waren die Sieben-Tage-Woche und der Zwölf-Stunden-Tag die Regel.

Lernziele für die SchülerInnen

▷ **Die SchülerInnen lernen, dass unsere heutige „Freizeitgesellschaft" erst wenige Jahrzehnte alt ist.**

▷ **Die SchülerInnen können verschiedene Motivationen fürs Reisen unterscheiden und ihre eigenen Vorstellungen einordnen.**

▷ **Die SchülerInnen können ihre eigenen Bilder und Vorstellungen von Freizeit und Urlaub reflektieren und kritisch hinterfragen.**

▷ **Die SchülerInnen sind in der Lage, die Wechselwirkung von Werbung und gesellschaftlichen Normen und den eigenen Wünschen und Bedürfnissen in diesem Lebensbereich zu erkennen.**

▷ **Die SchülerInnen erkennen die suggestiven und zum Teil unrealistischen Elemente in den Werbebotschaften der Freizeitindustrie.**

Alles schön und gut? So einfach scheint es nicht zu sein. Der Umgang mit freier Zeit will geübt sein, der Wechsel von der Arbeit oder der Ausbildung ins Wochenende oder in den Urlaub gelingt nicht immer. Viele Menschen klagen über zunehmenden Stress am Arbeitsplatz, in der Schule, aber auch in der Freizeit, die schon fast zwanghaft mit Aktivitäten beladen wird. Freizeit, Reisen als Flucht oder als Ersatz für verlorene Lebensqualität im Alltag?
Und der Mensch ist ja bekanntlich selten lange mit dem zufrieden, was er hat. Sind neue Bedürfnisse befriedigt, werden weitere wach. Oder geweckt. Was Ursache und Wirkung gerade bei der Befriedigung von Freizeitbedürfnissen ist, ist angesichts der schon längst in unseren Köpfen platzierten Werbebotschaften fast nicht mehr auseinander zu halten.

Der Umgang mit eigenen und fremden Bildern, mit Erfahrungen und Wünschen steht in diesem Kapitel im Vordergrund. Wir halten es für sehr wichtig, dass Jugendliche, die schon jetzt oder in ein paar Jahren ihre eigenen Entscheidungen treffen, wie und womit sie ihre freie Zeit verbringen wollen, sich mit Chancen und Problemen unserer heutigen Freizeitgesellschaft auseinander setzen.

Wir alle haben unsere Vorstellungen, die oft nicht mit der Realität übereinstimmen: Hätten Sie gedacht, dass rund ein Viertel der erwachsenen Bevölkerung in Deutschland und in der Schweiz überhaupt nicht in die Ferien reist? Oder dass 90% der Weltbevölkerung nicht über ihre Landesgrenzen hinaus reisen?

Freizeit – Reisen – Tourismus
Eine Projektmappe

Kapitel 1 FREIZEIT & REISEN

Alle reisen

Fast alle von uns haben schon einige Reisen gemacht. Erstelle aus dem unten stehenden Reisesteckbrief deinen ganz persönlichen Reisepass.

Reisesteckbrief

Name: .... Vorname: .... Alter: ....

Die erste Reise, an die ich mich erinnern kann, führte nach: ....

Wie viele Male habe ich Ferien im Inland/im Ausland verbracht? ....

Gibt es andere Gründe, warum ich von zu Hause weggereist bin? ....
Wenn ja, welche? ....

Wo war ich schon überall? ....

An welchen Urlaub habe ich die beste Erinnerung? ....
Warum? ....

Welchen Urlaub würde ich nie wieder machen wollen? ....
Warum? ....

Mein Traumurlaubsziel: ....

© Verlag an der Ruhr, Postfach
45422 Mülheim an der Ruhr

Freizeit – Reisen – Tourismus
Eine Projektmappe

Kapitel 1

FREIZEIT & REISEN

Alle reisen?
Gar nicht wahr!

Könnt ihr euch Gründe vorstellen, warum auch bei uns viele Menschen nicht reisen? Versucht jemanden zu finden, der nicht reist und macht mit ihm ein Interview.

Einer von vier reist nicht!

Die Zahl der Nichtreisenden ist auch in den Industrieländern noch beträchtlich. In der Schweiz fahren 24% der Bevölkerung nicht in die Ferien, in Deutschland sind es 31%, in Frankreich 43% und in Österreich sogar 58%.

Stellt euch vor, weltweit würden alle Menschen so viel reisen wie wir. Was hätte das für Auswirkungen? Macht in der Klasse zu diesem Thema ein Mind Map®.

Weltweit reist nur jeder zehnte!

1993 überschritten nach Angaben der Welttourismusorganisation (WTO) fast 90% der Weltbevölkerung keine internationalen Grenzen!

Hängt eine große Landes- oder Europakarte im Klassenzimmer auf und markiert mit farbigen Punkten, wo ihr schon gewesen seid.

Freizeit – Reisen – Tourismus
Eine Projektmappe

Kapitel 1

FREIZEIT & REISEN

Die schönsten Wochen im Jahr!

Alles klar? Du weißt, wovon wir reden? Sicher nicht von der Schule – Ferien, Urlaub, Freizeit, wegfahren – das sind sie doch, die Stichwörter, die uns träumen lassen.

Sicher findest du schnell noch weitere Begriffe, die dir im Zusammenhang mit Ferien einfallen! Schreibt in die Mitte eines großen Plakates „Ferien" und notiert ringsherum alles, was euch spontan dazu durch den Kopf geht.

Deine Traumferien: Stell dir vor, du hast vier Wochen Zeit, Geld spielt keine Rolle, du bist frei, zu tun oder zu lassen, was du willst! Beschreibe auf einer halben Seite, wie dein Traumurlaub aussehen würde. Lest euch gegenseitig eure Texte vor.

Vergleicht in Gruppen eure Traumferien, sucht Gemeinsamkeiten und Unterschiede heraus. Gibt es Gemeinsamkeiten? Wenn ja, was könnten die Beweggründe sein?

RELAXEN

ABHAUEN

ENTSPANNEN

NATUR PUR

DEN HORIZONT ERWEITERN

© Verlag an der Ruhr, Postfach
45422 Mülheim an der Ruhr

Freizeit – Reisen – Tourismus
Eine Projektmappe

Kapitel 1

FREIZEIT & REISEN

Was sind für dich die wichtigsten Erlebnisse im Urlaub?

Setzt euch in einer Gruppe zusammen und füllt zuerst einzeln diesen Fragebogen aus. Du machst bei allen Aktivitäten in der entsprechenden Spalte ein Kreuz. Vergleicht eure Bögen und schreibt in jede Zeile, wie viele „sehr wichtig" sie erhalten hat (in %). Macht anschließend eine „Hitliste" in der Reihenfolge der meistgenannten Aktivitäten. Vergleicht in einer Klassenauswertung eure Resultate.

Du hast dir jetzt über einiges Gedanken gemacht. Versuche, aufgrund deiner Überlegungen ganz konkret deine nächsten Ferien zu planen. Was sollen sie „bringen", was möchtest du berücksichtigen? Bereite ein kurzes Referat vor, in dem du deinen MitschülerInnen deine nächsten Ferien vorstellst.

	sehr wichtig	nicht so wichtig	interessiert mich nicht
1 Freiheit			
2 Zeit haben			
3 Vergnügen, Spaß			
4 Alltag vergessen			
5 Selbstständigkeit			
6 Mit FreundInnen zusammen sein			
7 Neues erleben oder sehen			
8 Erholung, Entspannung			
9 Nette Leute (Einheimische) kennen lernen			
10 Natur erleben			
11 Abenteuer			
12 Sport treiben			
13 Sich nicht anstrengen müssen			
14 Nette Leute (andere TouristInnen) kennen lernen			
15 Gesundheit, Fitness			
16 Hobbies pflegen			
17 Mit der Familie zusammen sein			
18 Wandern, Touren machen			
19 Einkäufe tätigen			
20 Bildung			
21 Verwandte oder Bekannte besuchen			

© Verlag an der Ruhr, Postfach 45422 Mülheim an der Ruhr

Freizeit – Reisen – Tourismus
Eine Projektmappe

Kapitel 1

FREIZEIT & REISEN

Interview: Die schönsten Ferienerlebnisse

Du findest hier eine Auswahl von Fragen für ein Interview. Führe das Interview zuerst mit jemandem aus deiner Klasse durch. Geht dann zu zweit auf die Straße und interviewt drei Personen (vielleicht begegnet ihr auch einem Touristen oder einer Touristin). Untersucht die Antworten auf Gemeinsamkeiten und Unterschiede und informiert die Klasse über eure Erkenntnisse.

Fragebogen für ein Interview

▷ An welche Ferien hast du die besten Erinnerungen?
▷ Wie hast du dich für das Urlaubsziel entschieden?
▷ Wie hast du dich auf die Reise vorbereitet?
▷ Was hast du in diesen Ferien unternommen?
▷ Wen hast du in diesen Ferien kennen gelernt?
▷ Was hat dir an diesen Ferien speziell gefallen?
▷ Was ist dir negativ aufgefallen?
▷ Hast du etwas nach Hause mitgebracht?
▷ Was gehört für dich ganz allgemein zu Ferien?
▷ Deine Traumferien?
▷ Eigene Fragen …

Kapitel 1

FREIZEIT & REISEN

Muss Urlaub überhaupt sein?

Ihr bildet eine Gruppe junger ForscherInnen, die sich zum Ziel gesetzt hat, neue Lebens- und Arbeitsformen für unseren Alltag zu finden. Entwerft eine Zukunftsvision davon, wie es bei uns aussehen müsste, damit niemand mehr in den Urlaub fahren will. Was könnten wir selber ändern? Wo würden wir Veränderungen in der Gemeinde oder in unserem Land brauchen?

Stellt euren Vorschlag der Klasse vor: Gestaltet ein Plakat, entwerft eine Collage, schreibt einen Text oder spielt eure Ideen als Szenen vor.

Stellen wir uns vor: Wir verwenden all unser Geld, unsere Zeit und Energie, die wir für Vergnügungsreisen aufwenden, einmal anders. Wir fahren nicht mehr weg, wir verschönern unsere Städte, unsere Wohnungen und unsere Stadtviertel. Wir arbeiten weniger und nehmen uns die Zeit, unsere nächste Umgebung zu entdecken, mit Freunden und Freundinnen etwas zu unternehmen und neue Leute hier kennen zu lernen. Vielleicht müssten wir dann nicht mehr so sehnsüchtig auf die nächsten Ferien warten. Das Leben würde während des ganzen Jahres interessanter und erholsamer. Keine Ferien mehr – oder anders gesagt, das ganze Jahr ein bisschen Ferien!

Kapitel 1

FREIZEIT & REISEN

Gedanken und Sprichwörter zum Tourismus

Wählt ein Sprichwort aus und schreibt es auf ein großes Blatt. Gestaltet mit Bildern aus Reiseprospekten, alten Ferienfotos oder anderen Materialien eine Collage.

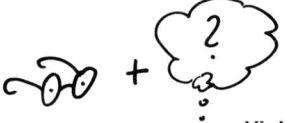

Viele Menschen haben übers Reisen nachgedacht und ihre Gedanken in Worte gefasst. Lest die folgenden Aussagen durch und wählt einzeln oder in Gruppen eine aus, die euch anspricht oder abstößt. Erklärt, wie ihr den Gedanken versteht. Begründet eure Auswahl schriftlich.

Tourismus ist wie Feuer: Man kann seine Suppe damit kochen, man kann aber auch sein Haus damit abbrennen.
(asiatische Weisheit)

Das Unheil dieser Welt rührt daher, dass die Menschen nicht ruhig in ihrem Zimmer bleiben können.
(Blaise Pascal)

Viele reisen um die ganze Welt und finden am Ende nur sich selber wieder.
(Ernst Bloch)

Man reist nicht, um anzukommen, sondern um zu reisen.
(Johann Wolfgang Goethe)

Benimm dich in einem fremden Land wie in einer fremden Wohnung.
(französisches Sprichwort)

Sehenswürdigkeiten sind Dinge, die man gesehen haben muss, weil andere sie auch gesehen haben.
(Hans Söhnker)

Eigentlich sehe ich hier weder Europa noch China, sondern eine bestimmte Vision von China.
(Victor Segalen)

Der kürzeste Weg zu sich selbst führt rund um die Welt.
(H. Graf-Keyserling)

Um zu begreifen, dass der Himmel überall blau ist, braucht man nicht um die Welt zu reisen.
(Johann Wolfgang Goethe)

Reisen sind Zaubertruhen voll traumhafter Versprechen.
(Claude Lévi-Strauss)

Der übers Meer fährt, verändert nur den Himmelsstrich, nicht sich selbst.
(Horaz)

Das ist der Fluch und zugleich die Wollust des Reisens, dass es dir Orte, die vorher in der Unendlichkeit und in der Unerreichbarkeit lagen, endlich erreichbar macht.
(M. Dauthendey)

Freizeit – Reisen – Tourismus
Eine Projektmappe

Kapitel 1 — Freizeit & Reisen

Gedanken und Sprichwörter zum Tourismus
(Fortsetzung)

Wir reisen nicht nur an andere Orte, sondern vor allem reisen wir in andere Verfassungen der eigenen Seele.
(Werner Bergengruen)

Als Tourist im Ausland steht man vor der Frage, ob man sich anständig benehmen muss oder ob schon andere Touristen dagewesen sind.
(Kurt Tucholsky)

Schneller als Moskau selber, lernt man Berlin von Moskau aus sehen.
(Walter Benjamin)

Wir sehnen uns nicht nach bestimmten Plätzen zurück, sondern nach Gefühlen, die sie in uns auslösen.
(Sigmund Graff)

Man verreist ja nur, um es daheim wieder schön zu finden. Das ist der Sinn des Tourismus.
(Manfred Schmidt)

Wir fliegen wie die Vögel über die Länder. Aber dafür lernen wir auch nicht viel! Einige flüchtige Gedanken sind die ganze Ausbeute unserer Reise.
(Heinrich von Kleist)

Toren besuchen im fremden Land die Museen, Weise gehen in die Tavernen.
(Erhard Kästner)

Man sieht nur, was man weiß.
(Werbung für DuMont-Reiseführer)

Wer andere besucht, soll seine Augen öffnen, nicht den Mund.
(tansanisches Sprichwort)

Auf Reisen tausche ich das Grau des Alltags gegen die bunte Vielfalt unserer Welt, lerne das Fremde kennen, vertiefe mein Wissen und lerne andere Menschen schätzen!
(unbekannt)

Das Verlangen, aus dem sich der Tourismus speist, ist das nach dem Glück der Freiheit.
(Hans Magnus Enzensberger)

Jede Flucht aber, wie töricht, wie ohnmächtig sie sein mag, kritisiert das, wovon sie sich abwendet.
(Hans Magnus Enzensberger)

Kapitel 1

FREIZEIT & REISEN

Die totale Freizeit-Mobilmachung

Lest den Text und diskutiert in der Gruppe, worin der Autor die Gründe für unsere Freizeitmobilität sieht. Seid ihr mit ihnen einverstanden? Macht eine Liste mit euren Gründen, warum ihr in den Urlaub fahrt bzw. fahren würdet.

Könnt ihr euch auch vorstellen, in den Ferien zu Hause zu bleiben? Erstellt eine Liste mit den Gründen, die für solche Ferien sprechen.

Es ist eine große Bewegung in die früher so sesshaft gewesene Gesellschaft gekommen. Eine eilige Mobilität hat in den Industrienationen mittlerweile die meisten Menschen erfasst. Man nutzt jede Gelegenheit, um wegzufahren. Raus aus dem Alltag, so oft man kann. Kürzere Trips unter der Woche und an den Wochenenden, längere Reisen während der Ferien. Für das Alter wünscht man sich nichts sehnlicher als einen anderen Wohnsitz. Nur ja nicht zu Hause bleiben! Bloß weg von hier!

Was hat zu dieser Freizeitmobilität geführt, die vor allem für viele Städter lebensbestimmend geworden ist, und für die sie mittlerweile bereits 40% ihrer frei verfügbaren Zeit aufwenden? Was die Millionen Menschen von heute aus den Häusern treibt, ist nicht mehr so sehr das angeborene Reisebedürfnis, die pure Reiselust. Wir fahren doch vielmehr weg, weil wir uns da, wo wir arbeiten, und da, wo wir wohnen, nicht mehr wohl fühlen. Wir benötigen dringend ein Wegtauchen von den Belastungen der täglichen Arbeits-, Wohn- und Freizeitsituation, um danach weitermachen zu können. Um einen Ausgleich zu finden für all das, was wir im Alltag vermissen, was wir verloren haben oder was uns abhanden gekommen ist, fahren wir weg; um soziale Abhängigkeit abzuschütteln, um abzuschalten und aufzutanken, um Unabhängigkeit und Selbstbestimmung zu genießen und um Kontakte zu knüpfen, um zur Ruhe zu kommen, um Freiheit zu empfinden und um etwas Glück heimzuholen. Eigentlich fahren wir weg, um zu leben, um zu überleben.
(J. Krippendorf, in: Freizeit fatal, 1989, S. 109)

Freizeit – Reisen – Tourismus
Eine Projektmappe

Kapitel 1

FREIZEIT & REISEN

Zunehmende Freizeit: Glücklichere Menschen?

1. Diskutiert in der Klasse die Chancen und Gefahren der zunehmenden Freizeit. Ergänzt in der Gruppe die angefangene Liste mit den positiven oder negativen Seiten. Sucht dazu Beispiele aus eurer eigenen Freizeitgestaltung.

2. Bildet zwei Gruppen und bereitet euch für eine Diskussionsrunde vor, in der Gruppe 1 die Gefahren, Gruppe 2 die Chancen der zunehmenden Freizeit vertritt. Ernennt dazu je einen Sprecher oder eine Sprecherin.

Wie sah deine Freizeitgestaltung der letzten Woche aus? Erstelle eine detaillierte Auflistung deiner Freizeitaktivitäten (siehe Schema S. 20). Womit bist du zufrieden, was möchtest du gerne verändern? Besprecht eure Resultate zu zweit und vergleicht eure Erfahrungen.

Die Freizeit hat in den letzten Jahren zugenommen. Das hört sich erst einmal gut an. Doch diese Entwicklung hat nicht nur Vorteile.

Gefahren	Chancen
1. Mehr Mobilität; stärkere Belastung der Umwelt	1. Mehr Eigenständigkeit, die Sinn und Spaß macht; mehr Freizeit und höhere Lebenszufriedenheit
2. Expandierende Freizeitindustrie; zunehmende Kommerzialisierung und wachsende Konsumabhängigkeit	2. Bewusster und emanzipierter Umgang mit der Zeit; mehr Selbstständigkeit und Eigenverantwortung
3. Mehr Langeweile und Leere; wachsende Sinn- und Orientierungskrise	3. Rückbesinnung auf grundsätzliche Lebensfragen und Lebensqualität im umfassenden Sinn

(nach B. Kramer: Freizeit und Freizeitpolitik, Bern 1988)

Freizeit – Reisen – Tourismus
Eine Projektmappe

Kapitel 1

FREIZEIT & REISEN

Was heißt „Tourismus"?

Wie würdest du „Tourismus" mit eigenen Worten definieren? Was fällt dir ein, wenn du das Wort „Tourismus" hörst? Schreibe es auf und kommentiere deinen Text. Fertige eine Zeichnung dazu an.

Viele Menschen reisen. Würdest du die Folgenden als TouristInnen bezeichnen? Warum? Warum nicht?

▷ Ein Pendler
▷ Ein Flüchtling
▷ Ein Schweizer in den Sommerferien auf Kreta
▷ Alexander der Große
▷ Eine Schülerin im Klassenlager
▷ Kolumbus
▷ Eine Fremdarbeiterin in Deutschland

Das Wort „Tourist" tauchte zum ersten Mal in England um 1800 auf, im Zusammenhang mit den englischen Adligen, die auf die „Grande Tour" gingen (vgl. dazu Kapitel 2: Geschichte).

Heute geht man – z.B. für Statistiken – meistens von der Definition der OECD (Organisation für wirtschaftliche Zusammenarbeit und Entwicklung) aus.
„Touristen sind Personen, die sich mindestens 24 Stunden außerhalb ihres Wohnortes aufhalten zu beruflichen, vergnüglichen oder anderen Zwecken (außer Arbeit, Studium und Daueraufenthalt)."

Das Wort „Tourismus" kommt von „Tour" (Umlauf, Umdrehung). In der modernen Tourismuswissenschaft wird Tourismus international meist folgendermaßen definiert:
„Tourismus ist die Gesamtheit der Beziehungen und Erscheinungen, die sich aus der Reise und dem Aufenthalt von Personen ergeben, für die der Aufenthaltsort weder hauptsächlicher noch dauernder Wohn- und Arbeitsort ist."
(H. Müller u.a.: Freizeit und Tourismus, 1993, S. 51)

Freizeit – Reisen – Tourismus
Eine Projektmappe

Kapitel 1

FREIZEIT & REISEN

Was heißt „Freizeit"?

Ferien sind eine soziale und kulturelle Errungenschaft.

Nach dem Landesstreik (1918) wurde die Arbeitszeit in der Schweiz gesetzlich auf 48 Stunden pro Woche festgelegt. Erstmals gab es auch eine Woche Ferien. Erst 1964 schrieb ein Gesetz gesamtschweizerisch zwei Wochen bezahlte Ferien für alle fest.
1963 wurde durch das Bundesurlaubsgesetz in Deutschland allen ArbeitnehmerInnen ein bezahlter Jahresurlaub von mindestens 15 bzw. 18 Tagen (ab dem 36. Lebensjahr) garantiert. Davon profitiert jedoch nur ein Teil der EinwohnerInnen: Selbstständige, Freiberufler und Landwirte sowie Hausfrauen, Arbeitslose und Rentner haben keinen Anspruch darauf.

Seit dem Ende des Zweiten Weltkrieges verfügen wir im Durchschnitt über mehr Einkommen und mehr freie Zeit. Im Vergleich zu 1950 hat sich das verfügbare Einkommen in der BRD 1984 bereits vervierfacht, der Jahresurlaub ist von durchschnittlich 9 Tagen auf ca. 31 Tage pro Jahr gestiegen.
(H. W. Opaschowski: Wie leben wir nach dem Jahr 2000? Szenarien über die Zukunft von Arbeit und Freizeit, Hamburg 1988, S. 31)

Zwischen 1950 und 1982 hat sich die Jahresarbeitszeit um 13% verkürzt, vor allem wegen der verlängerten Wochenenden.

Heute arbeitet ein Schweizer, eine Schweizerin im Durchschnitt etwa 1800 Stunden jährlich. Etwa 2500 Stunden stehen mehr oder weniger zur freien Verfügung.
In Deutschland beträgt die durchschnittliche Arbeitszeit 1570 Stunden.
(Quelle: Gesamtmetall, Handelsblatt)

In den letzten Jahren hat die Arbeitslosigkeit überall kontinuierlich zugenommen. 1997 waren in Deutschland über 10% der erwerbstätigen Bevölkerung ohne Arbeit, in der Schweiz über 5%.

In der wissenschaftlichen Freizeitdiskussion unterscheidet man zwei Definitionsweisen des Begriffs „Freizeit": eine positive und eine negative. Negative Definitionen bezeichnen „Freizeit" als den Rest der Tageszeit, der nicht durch berufliche oder vergleichbare Tätigkeiten (Schlafen, Essen, Körperpflege) in Anspruch genommen wird. Positive Definitionen bestimmen „Freizeit" entweder als Zeit, während der man möglichst selbst über sich bestimmen kann, oder indem man dieser Zeit bestimmte Funktionen zuordnet (Erholung, Nachdenken, Kompensation, Emanzipation usw.).
(H. Müller u.a.: Freizeit und Tourismus, 1993, S. 32-33)

Mit der aufkommenden Industrialisierung wurde die Arbeit immer stärker dem Takt der Maschinen unterworfen. In der ersten Hälfte des 19. Jahrhunderts waren in den Fabriken tägliche Arbeitszeiten von 16-18 Stunden für Männer und 14 Stunden für Frauen und Kinder die Regel (inkl. Sonntag). Freizeit war ein Fremdwort für die Arbeiterschaft.
(H. Müller u.a.: Freizeit und Tourismus, 1993, S. 13)

Freizeit – Reisen – Tourismus
Eine Projektmappe

Kapitel 1 — FREIZEIT & REISEN

	Montag	Dienstag	Mittwoch	Donnerstag	Freitag	Samstag	Sonntag	Total	Durchschnitt pro Tag	Bemerkungen/ Änderungen
Schlaf										
Essen										
Schule/Kurse/ Vorlesungen										
Arbeit/Beruf										
Lernen/Aufgaben/ Weiterbildung										
Club/Verein										
Geselligkeit/Freunde										
Sport/Bewegung										
Fahrzeit										
Hausarbeiten										
andere notwendige Tätigkeiten										
Hobby/Entspannung										
Fernsehen										
Anderes ...										
Total										

(aus: René Frick, Werner Maimann: Lernen ist lernbar, Sauerländer, 1994)

1. Versuche für dich eine eigene Definition von „Freizeit" aufzuschreiben. Was sind deine Kriterien, was gehört dazu, was gehört nicht dazu?

2. Liste genau auf, was du während der letzten Woche alles gemacht hast. Trage deine Aktivitäten (jeweils auf eine Viertelstunde gerundet) in die Tabelle ein. Wie viel ist Freizeit, wie viel ist Schulzeit/Arbeitszeit? Was lässt sich nicht klar zuordnen? Wie grenzen sich die beiden Bereiche voneinander ab?

3. Mache eine kleine Umfrage bei deinen Eltern und, wenn möglich, bei deinen Großeltern bzw. bei jemandem aus dieser Generation. Wie viel Urlaub haben oder hatten sie? Was haben sie in ihrer Freizeit, in ihren Ferien gemacht? Vergleicht die Ergebnisse in der Klasse und diskutiert sie.

© Verlag an der Ruhr, Postfach 45422 Mülheim an der Ruhr

Freizeit – Reisen – Tourismus
Eine Projektmappe

Kapitel 1

FREIZEIT & REISEN

Werbung und Wirklichkeit

„Eine riesige Industrie, die Millionen von Menschen dauernd von einem Land zum anderen, von einem Kontinent zum anderen deportiert – ich meine die Touristikindustrie –, hat sich die Sehnsucht nach dem Originalerlebnis zunutze gemacht. Was sie in ihrer Werbung verspricht, das sind Originalerlebnisse, Abenteuer, Fremdes – also Erstmaliges."
(Peter Bichsel: Der Leser. Das Erzählen, 1982, S. 17)

Der Kunde, die Kundin, soll sich aufgrund des durch die Werbung vermittelten Bildes entschließen, mit einem bestimmten Unternehmen an einen bestimmten Ort zu reisen. Entsprechend sind die Reisekataloge zusammengestellt: neben den vielen Reiseangeboten sind meist nur spärliche Sach- und Landesinformationen anzutreffen. Gekauft wird ja auch nicht primär Transport oder Übernachtung, sondern gekauft werden Ferien, d.h. Erholung, Entspannung, Geselligkeit, Erlebnisse oder Abenteuer. Einheimische werden entweder als dienende Hotelangestellte oder als sogenannte typische VertreterInnen ihrer Kultur in traditionellen Kleidern und bei folkloristischen Darbietungen dargestellt. Sie machen einen wichtigen Teil der Ferienkulisse aus und werden wie Sonne, Meer und Strand, Natur, exotische Tiere und Sehenswürdigkeiten zum Konsum angeboten.

Besorge dir bei Reiseveranstaltern Prospekte und untersuche, wie ein Land oder eine Region von verschiedenen Veranstaltern dargestellt wird. Vergleiche danach, was in Sachbüchern, Zeitschriften oder Lexika zu demselben Land steht. Vielleicht kennst du auch jemanden aus diesem Land, der dir noch weitere Informationen geben kann.

Hast du dich schon aufgrund von Prospekten für bestimmte Ferien oder einen Ferienort entschieden? Benutzt du auch noch andere Informationsquellen? Wenn ja, welche? Tragt in der Klasse auf einem großen Plakat zusammen, welche Informationsmöglichkeiten es gibt.

Untersuche Reisekataloge: Welche Kategorien von Reisen gibt es und wie wird für sie geworben? Gestaltet verschiedene Plakate zu den unterschiedlichen Reiseformen und benutzt jeweils die entsprechenden Werbeslogans. Welche sprechen dich am meisten an?

Gruppenarbeit: Erstellt für eure Region, euer Dorf oder eure Stadt ein Werbekonzept. Gestaltet ein großes Plakat (malen, Collage) und/oder einen Faltprospekt. Wie würdet ihr euch darstellen?

© Verlag an der Ruhr, Postfach
45422 Mülheim an der Ruhr

Freizeit – Reisen – Tourismus
Eine Projektmappe

Kapitel 1

FREIZEIT & REISEN

Werbung und Wirklichkeit (Fortsetzung)

Vergleicht und besprecht die beiden Texte zu Goa: Welche Aspekte stellen sie in den Vordergrund? Was lassen sie aus? Welche Schlüsse zieht ihr daraus?

„Namaskar" ... ein zauberhafter Wilkommensgruß dieses Landes, diese Höflichkeit und Gastfreundschaft kann man nicht vergessen. Goa – Sonne, Sand und Meer: Ruhen Sie sich aus und genießen Sie den idyllischen Frieden, den Indien Ihnen im sonnigen Goa bietet. Wenn Sie bisher immer von einem warmen Land mit Raum und Licht geträumt haben, wo die Menschen immer lachen, wo der wohlschmeckende Saft von einem Biss in eine reife Ananas oder Papaya auf Ihre Haut tropft, während Sie lässig in weißem Sand schwelgen, dann ist Goa, die faszinierende Mischung lateinischer und indischer Kulturen, genau das Richtige für Sie.
Sie können wählen zwischen luxuriösen Hotels mit Nachtleben oder Einfachheit und Ruhe in einem der preiswerten, sauberen und komfortablen Zimmer mit eigenem Charme, direkt am Strand.
(Prospekt des indischen Fremdenverkehrsamtes)

Wir möchten Sie wissen lassen, dass Sie in Goa nicht willkommen sind. Goa und Goaner profitieren wirtschaftlich nicht von Charterreisen. Die Gesellschaft, die diese Touren organisiert, hat die volle wirtschaftliche Kontrolle über die Buchung. Die Luxushotels nehmen unseren Leuten das Land weg, die Küste und ihre traditionellen Beschäftigungen. Um der Nachfrage nach Freizeitangeboten, Vergnügen und Luxus nachzukommen, entziehen die Hotels mit Regierungsunterstützung dem Volk das Lebensnotwendigste, z.B. Wasser und Elektrizität. Bedenken Sie die Wassermenge, die diese Hotels für ihre Schwimmbecken und Rasen verbrauchen. Indien hat Millionen von sehr armen Leuten. Euer superreicher Lebensstil in diesen Luxushotels wird zu einer Verhöhnung der Armen.
(Flugblatt der „Wachsamen Goaner", Bürgerbewegung gegen den Luxustourismus)

Freizeit – Reisen – Tourismus
Eine Projektmappe

Kapitel 2

Einleitung

Der Massentourismus ist ein relativ junges Phänomen in der Geschichte unserer westlichen Zivilisation. Über Tausende von Jahren war Reisen verbunden mit existentieller Gefährdung, mit der Suche nach neuem Lebensraum oder der Flucht vor Bedrohungen.

Erste Ansätze von Vergnügungsreisen in unserem heutigen Verständnis finden sich zwar schon in den Kulturen der Ägypter, Griechen und Römer. Sie waren aber der kleinen Minderheit der jeweils privilegierten Schichten vorbehalten und verschwanden mit dem Untergang des römischen Reiches.

Im frühen Mittelalter waren Pilgerreisen, Kreuz- und Eroberungszüge die einzigen Formen von Reisen, die eine weite Verbreitung erreichten. Später sorgten Handwerker auf ihren Wanderjahren und Bildungsreisen der Adeligen nebst den Gauklern und Bettlern für eine Belebung der Landstraßen. Von einer Massenbewegung kann aber auch hier nicht gesprochen werden; zudem waren diese Unternehmen alles andere als zweckfrei und an viele ständische Regeln und Normen gebunden.

Reisen setzt immer drei wichtige Bedingungen voraus: Zeit, Geld und die nötige Infrastruktur. Die beiden ersten waren bis Anfang des 20. Jahrhunderts einer begüterten Oberschicht vorbehalten. Erst mit der Einführung von vertraglichen Urlaubsregelungen in den 20er-Jahren wurde es breiteren Schichten der Bevölkerung möglich, wenigstens einen Kurzurlaub zu nehmen. Sowohl die ArbeiterInnenbewegung als auch die Nationalsozialisten versuchten umgehend, diese neuen „Freiheiten" für ihre Zwecke zu instrumentalisieren.

Nach dem Zweiten Weltkrieg schnellten die Zahlen im Tourismusgeschäft mit dem Wiederaufbau in Europa in die Höhe. Die Zuwachsraten waren enorm, und mit der Verbreitung von Massenprodukten zu relativ günstigen Preisen begann eine Entwicklung, die für uns alle prägenden Charakter hat. Tourismus ist heute sowohl ökonomisch als auch psychologisch für jeden Einzelnen, aber auch für unsere Gesellschaft zu einem nicht mehr wegzudenkenden Faktor geworden.

Lernziele für die SchülerInnen

▷ **Die SchülerInnen erkennen unser heutiges Reiseverhalten als das Produkt einer langen gesellschaftlichen Entwicklung und können es in einen geschichtlichen Kontext setzen.**

▷ **Die SchülerInnen nehmen wahr, dass der Massentourismus, der für uns selbstverständlich geworden ist, erst seit einer kurzen Zeitspanne existiert.**

▷ **Die SchülerInnen können verschiedene Reiseformen aus der Geschichte miteinander vergleichen.**

▷ **Die SchülerInnen werden sich bewusst, dass Reisen bis vor kurzem ein Privileg einiger weniger Menschen war.**

▷ **Die SchülerInnen verstehen die Motivation von Menschen aus früheren Zeiten, eine Reise zu unternehmen.**

Kapitel 2

GESCHICHTE

Anfänge des Tourismus: Pyramiden, Sport, Sand und Meer.

Odysseus: Tourist oder verirrter Krieger?

War Odysseus einer der ersten Touristen? Oder einfach ein Krieger, der nach gewonnener Schlacht den Heimweg nicht mehr fand? Sicher ist, dass er reiste. Zehn Jahre war er unterwegs bei seiner Rückkehr aus Troja. Aber Reisen in der vorchristlichen Zeit waren meistens keine Vergnügungsfahrten. Menschen und ganze Völker wanderten, um als Bauern oder Jäger neue Gebiete zu besiedeln. Soldaten zogen in den Krieg, Kaufleute reisten, Könige und ihre Beamten waren unterwegs, um ihre Ländereien zu verwalten. Reisen waren mit Strapazen, Unannehmlichkeiten und Gefahren verbunden. Kaum jemand reiste zum Vergnügen. Materielle Not oder ganz konkrete Absichten veranlassten die Menschen, ihr Zuhause zu verlassen. Doch es gab auch schon früh so etwas wie „Tourismus". Meistens war das der wohlhabenden Schicht eines Volkes vorbehalten. Reisen brauchte Freiheit, viel Zeit und Geld. Ein Blick zurück in die Zeit weit vor Christus bringt Erstaunliches zutage.

Olympische Spiele

Pyramiden und olympische Spiele

1500 vor Christus waren es die Ägypter, die als erstes Volk Vergnügungsreisen unternahmen. Reiseziel im Pharaonenreich waren die Pyramiden, Tempel und Königsgräber, Orte von wichtiger kultureller und religiöser Bedeutung. Neueste Forschungen lassen vermuten, dass diese Reisen nicht nur einer reichen Oberschicht vorbehalten waren. Während der Hochblüte ihrer Kultur war es ein weit verbreitetes Vergnügen für das Volk der Pharaonen, in ihrem Land herumzureisen.

Griechen waren als Händler und vereinzelt als Forscher, z.B. Herodot, im ganzen Mittelmeerraum unterwegs. Ein Ereignis veranlasste alle vier Jahre Tausende, nach Athen zu reisen: Die olympischen Spiele. Während der Spiele waren alle Unterkünfte überfüllt, viele nächtigten unter freiem Himmel. Weil Botschaften erst nach Stunden oder Tagen übermittelt werden konnten, war das „Live"-Ereignis natürlich von ganz besonderem Reiz.

Freizeit – Reisen – Tourismus
Eine Projektmappe

Kapitel 2

GESCHICHTE

Lag Cäsar auch schon am Strand?

Erkläre in einigen Sätzen, welche Beweggründe die Ägypter, Griechen und Römer hatten, eine Reise zu unternehmen.

Versuche in die Haut einer Griechin oder eines Griechen zu schlüpfen und erzähle, wie du den Zieleinlauf beim Marathon erlebt hast (Bild S. 24).
(Übrigens: Als Griechin nimmst du dabei eine Sonderstellung ein. Bei den olympischen Spielen durften Frauen eigentlich nicht zusehen, weil die Athleten nackt auftraten.)

Findest du Ähnlichkeiten oder Unterschiede zwischen diesen ersten Formen des Reisens und dem Tourismus in unserer Zeit?

Die Römer hatten ihre eigenen Reiseziele. Dort, wo heute Millionen von TouristInnen Urlaub machen, genossen schon vor 2000 Jahren vornehme Römer ihre Sommerferien. An die Strände im Süden Italiens, aber auch nach Griechenland und sogar ins ferne Ägypten zog es jedes Jahr reiche Städter aus dem römischen Reich. Die nahen Strände um Rom waren übersät mit Villen. Schon bald reichten Sonne, Wasser und heiße Quellen nicht mehr. Die Leute wollten unterhalten sein, ein gutgehender Badeort musste weitere Vergnügungsmöglichkeiten anbieten. Sehr beliebt waren Glücksspiele, und mancher hat in seinen Ferien wohl mehr ausgegeben, als ihm lieb war. Wenn viele reisen, wird eine entsprechende Infrastruktur benötigt. Im römischen Reich gab es ein gut ausgebautes Straßennetz, allein 90 000 km an Überlandverbindungen, die zum Teil dreispurig waren. Geschäftstüchtige Büros organisierten Einzel- und Gruppenreisen, erteilten Auskünfte und sorgten für Unterkunft und Verpflegung.

Ausschnitt aus dem Fußbodenmosaik in einer Kaiservilla auf Sizilien

Freizeit – Reisen – Tourismus
Eine Projektmappe

Kapitel 2

GESCHICHTE

Die adlige Kavalierstour – Die „Grand Tour"

„Politici lassen sich oft bei Hofe sehen / bemühen sich um die Bekanntschaft mit Staats-Leuten und Ministern / versäumen keine publique Solemnitäeten / betrachten die Verfassung dieses oder jenen Staats / observiren die daselbst gebräuchliche maximen / und andere dergleichen Sachen."
(Joachim Christoph Nemeitz: Paris-Reiseführer ‚Séjour de Paris', Förster, Frankfurt/M. 1718)

In der geschlossenen ständischen Gesellschaft des 17. und beginnenden 18. Jahrhunderts war soziales Verhalten streng an die jeweilige Gesellschaftsschicht gebunden. Die soziale Stellung und damit die Verhaltensnormen des Einzelnen waren durch seine Geburt und seine Familie nahezu unverrückbar festgelegt.
Adliges Reisen im Zeitalter des Absolutismus war im wesentlichen das Reisen der jugendlichen Stammhalter alteingesessener und grundbesitzender Adelsgeschlechter. Die Kavalierstour galt gemeinhin als Abschluss der adligen Erziehung und als Einführung in die Welt der europäischen Aristokratie. Sie war somit Teil der Ausbildung der Führungselite. Dazu gehörte die Pflege von Lebensart und Umgangsformen: Kontakte zu ausländischen Adelshäusern und Fürstenhöfen schaffen, die dominierenden Sprachen Französisch, Italienisch und Spanisch fördern, sich eine breit gestreute Kenntnis verschiedener Wissenschaften aneignen, aber auch Tanzen, Fechten, Reiten, Jagen, gutes Benehmen und galantes Verhalten. Zugleich waren diese Auslandsreisen besonders geeignet, Machtreichtum und Herrschaftsansprüche zu demonstrieren.

Die Reise dauerte ein bis drei Jahre und wurde lange im Voraus geplant und vorbereitet; sie folgte dabei häufig dem Vorbild der väterlichen Tour. Reisemarschalle, Mentoren, Tutoren, Kutscher und sonstiges Begleitpersonal sorgten für größtmögliche Bequemlichkeit, Sicherheit und Bildung der jungen Adligen.

Die Reiseziele wurden zwar weitgehend von politischen Motiven bestimmt, dennoch gehörte auch die reine Kunst- und Bildungsreise nach Italien zur „Tour".

© Verlag an der Ruhr, Postfach
45422 Mülheim an der Ruhr

Freizeit – Reisen – Tourismus
Eine Projektmappe

Kapitel 2

GESCHICHTE

Die adelige Kavalierstour – Die „Grand Tour" (Fortsetzung)

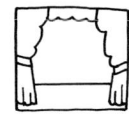

Ein adliger Vater eröffnet seinem Sohn, dass er bald die „Grand Tour" antreten wird. Was sind seine Argumente und wie bereitet er seinen Sohn vor? Spielt zu zweit die Szene vor.

Wo siehst du Ähnlichkeiten bzw. Unterschiede zu heutigen Erholungs- oder Bildungsreisen?

Plane für dich selbst eine solche große Reise. Wo sollte sie überall hingehen, was willst du kennen lernen, wie lange hältst du es aus?

Die große Europa-Reise wurde zwar in der zweiten Hälfte des 17. Jahrhunderts auch zum Vorbild bürgerlicher Kreise, aber sie blieb immer das Vorrecht einer dünnen, privilegierten Schicht. Bis zur französischen Revolution (1789) gehörte sie zur Standardausbildung junger Adliger.

Das Vergnügen war, wie Bildung und Ausbildung, ein Bestandteil der Tour. Die Zeitgenossen, ob adelig oder bürgerlich, klagten jedoch immer wieder darüber, dass die vornehmen Reisenden, die ihre Tour überwiegend im Alter von 16 bis 25 Jahren machten, die Leibesübungen und die höfischen Feste dem Studium an der Universität vorzogen, die vorgebliche Bildungsfahrt also mehr als Vergnügungsreise verstanden. Wiederholt wurde vor den „drey hauptschädlichen W", nämlich „Wein, Weiber und Würffel", eindringlich gewarnt.

Angesichts solcher Gefährdungen während der oft mehrjährigen Tour stellten die Eltern dem jungen Kavalier einen erfahrenen Begleiter zur Seite. Dieser Hofmeister, der in den meisten Fällen bereits die Privaterziehung am Adelssitz durchgeführt hatte, war für die Organisation, finanzielle Aufsicht und Gesamtleitung der Reise zuständig.

Freizeit – Reisen – Tourismus
Eine Projektmappe

Kapitel 2

GESCHICHTE

Badereisen – eine Angelegenheit für den Adel und die Reichen

Adelig musste man sein – oder reich

Im 19. Jahrhundert waren Ferien für den größten Teil der Bevölkerung in Europa etwas Unbekanntes. Bauern, Handwerker und Industriearbeiter kannten nur den 12- bis 16- Stunden-Tag, und das während des ganzen Jahres an sechs oder sieben Tagen in der Woche. Für einige wenige war das anders. Während der Sommermonate gehörte es zum guten Ton, in den Urlaub zu fahren. Das war die Zeit der großen Badereisen. Diese waren aber nur einer kleinen Minderheit der Bevölkerung, den reichen und adeligen Kreisen, vorbehalten. Man wollte ja auch in den Ferien unter seinesgleichen bleiben, Ordnung musste sein. Diese bevorzugten Schichten genossen ihre mehrmonatigen „Kuraufenthalte" mit allem Pomp.

Schon seit dem Mittelalter gab es heilkräftige Kurorte, meistens verbunden mit warmen und mineralhaltigen Quellen. Berühmte Namen wie Vichy, Karlsbad und Leukerbad sind Zeugen einer alten Tradition. Im 19. Jahrhundert entstanden an den Küsten Englands, Frankreichs und Deutschlands viele noble Seebäder. Brighton, Ostende, Travemünde, aber auch Venedig und Nizza leben noch heute von ihrer ruhmreichen Vergangenheit. Die reichen Familien zogen mit Dienerschaft, Mobiliar, Proviant und Sack und Pack in einen der Badeorte. Es war eine gesellschaftliche Notwendigkeit, dabei zu sein, andere zu sehen und gesehen zu werden. Gegenseitige Einladungen halfen, Kontakte zu knüpfen, die sowohl privat als auch beruflich von Nutzen waren.

OSTENDE

Schönstes und besuchtestes Seebad auf dem Continent,

Sommer-Residenz I. I. M. M. des Königs und der Königin der Belgier.

„Jährlich 250,000 Badegäste".

Bade-Saison vom 1. Mai bis November.

Künstlerisch ausgeschmückter Kursaal, herrlicher Meerdamm, Theater. Täglich 2 Concerte, Orchester von 80 Mann. Soirées dansantes im Kursaal. Häufig Concerte berühmter Sänger und Sängerinnen. Ferner Orgelaufführungen, Bälle im Casino, Regattas auf dem Meere. Pferderennen an 10 Tagen. Elegante Dampfer zu Lustfahrten. Feste aller Art. Fischsport. Seewasser - Heilanstalt. Fahrradbahn. Winter-Saison. Directe Bahnverbindung mit allen Hauptstädten Europas.
3 Dampfer täglich nach Dover. Ueberfahrt in 3 Stunden.

PROGRAMM
für die
Sommer-Saison 1896.

Sonntag, den 14. Juni — Kirmes, Segensspendung des Meeres, im Kursal Symphonie-Concert (80 Musiker). Abendunterhaltung mit Tanz.
Sonntag, den 21. Juni — Internationaler Wettstreit für Angeler.

Aus dem Prospekt des Seebades Ostende für die Sommersaison 1896

Kapitel 2

GESCHICHTE

Badereisen – eine Angelegenheit für den Adel und die Reichen (Fortsetzung)

Du bist KurdirektorIn in einem aufstrebenden Seebad des 19. Jahrhunderts. Gestalte für die neue Saison ein Werbeplakat, auf dem du alle Vorzüge deines Badeortes anpreist. Überlege dir zuerst, welche KundInnen du ansprechen willst und was sie sich wohl wünschen.

Sicher bist du auch schon im Meer baden gegangen. Überlege dir, wie du das machst und vergleiche dein Verhalten mit dem Text von 1793. Besprecht die Unterschiede, was ihr lustig, befremdend oder interessant findet.

Von der Gesundheitskur zur exklusiven Unterhaltung

Wer in den vorhergehenden Jahrhunderten eine Badekur machte, tat dies vor allem aus gesundheitlichen Gründen. Im 18. und 19. Jahrhundert wurden diese zunehmend abgelöst durch das Bedürfnis nach Zerstreuung und Unterhaltung. So gab es Theater, Ball- und Konzertsäle in jedem größeren Badeort. Konzerte, Pferderennen und Spielkasinos sorgten für eine standesgemäße Unterhaltung rund um die Uhr. Nicht nur in der „Freizeit" waren Sitten und Gebräuche streng einzuhalten, auch das Baden selber verlief nach genauen Regeln. Eine Gebrauchsanweisung aus dem 18. Jahrhundert beschreibt das folgendermaßen:

„Man fasst mit beiden Händen das Seil und steigt hinab. Wer untertauchen will, hält den Strick fest und fällt auf ein Knie, wie die Soldaten beim Feuern im ersten Gliede, steigt alsdann wieder herauf, kleidet sich für die Rückreise an. Es gehört für den Arzt zu bestimmen, wie lange man diesem Vergnügen (denn dieses ist es in sehr hohem Grade) nachhängen darf. Nach meinem Gefühl, war es vollkommen hinreichend, drei- bis viermal kurz hinter einander im ersten Gliede zu feuern, und dann auf die Rückreise zu denken. Beim ersten Male wollte ich, um seinen eignen Körper erst kennen zu lernen, raten, nur einmal unterzutauchen, und dann sich anzukleiden, und nie die Zeit zu überschreiten, da die angenehme Glut, die man beim Aussteigen empfinden muss, in Schauder übergeht. Da das schöne Geschlecht von Anfang, wie ich gehört habe, auch hier, gegen das Unversuchte einige Schüchternheit äußern soll, so finden sich an diesen Orten (...) junge Bürgerweiber die sich damit abgeben, die Damen aus- und ankleiden zu helfen, auch eine Art von losem Anzug zu vermieten, der, ob er gleich schwimmt, doch beim Baden das Sicherheitsgefühl der Bekleidung unterhält, das der Unschuld selbst im Weltmeere so wie in der dicksten Finsternis immer heilig ist."
(G.C. Lichtenberg: Das Badeleben in einem englischen Seebad, 1793)

Freizeit – Reisen – Tourismus
Eine Projektmappe

Kapitel 2

GESCHICHTE

Die organisierte Reise: Thomas Cook

Am 5. Juli 1841 verfrachtete der 33-jährige Brite Thomas Cook etwa 570 Ladies und Gentlemen in ratternde Holzwaggons, die dann eine fauchende Lok elf Meilen von Leicester nach Loughborough zog. Dort nämlich fand eine gewaltige Demonstration gegen den Alkoholmissbrauch und seine verheerenden Folgen statt.

Cook, der gelernte Tischler und Drechsler, war zugleich ein missionarischer Baptistenprediger und fanatischer Abstinenzler. Erst indem er die ganze Heerschar entrüsteter Eiferer gegen den Teufel Alkohol in Bewegung setzte, kam Cook – und das als Erster – zu der Erkenntnis, welche phantastischen Möglichkeiten das neue Transportmittel Bahn bot: nämlich eine große Anzahl von Menschen schnell über eine große Entfernung hinweg zu bewegen. Damit kam der Eiferer und Aufklärer Cook dem Einmaleins auf die Spur, nach dem die Reiseveranstalter noch heute rechnen: Nur Massenproduktion erzeugt große Umsätze und damit kleine Reisepreise. In diesem Sinn war Cook auch ein moderater Sozialrevolutionär. Guter Christ, der er war, brach er das Reiseprivileg des englischen Adels und des Großbürgertums und verhalf der Arbeiterschaft und dem Kleinbürgertum Britanniens zu nie gekannten Reisefreiheiten. Nachdem Cook seinen Engländern zunächst die engere Heimat und dann Europa pauschal erschlossen hatte, ging er zügig daran, auch dem teutonischen Bürgertum das Glück der Ferne zu erschließen. 1869 errichtete Cook in Köln seine erste Niederlassung auf deutschem Boden, wo er sogleich seinen größten Triumph feierte. Der Brite organisierte 1898 zum Preis von knapp 51 000 englischen Pfund die Reise Seiner Majestät Wilhelms II. samt Gefolge ins Heilige Land, wo dann der kaiserliche Pauschaltourist kräftig die antibritische Stimmung schürte.

Heute ist für Thomas Cooks geschäftliche Nachfolger Deutschland immer noch der wichtigste ausländische Markt, auf dem die Thomas Cook GmbH Deutschland in 34 Reisebüros über 300 Millionen Mark umsetzt. Ungerechnet des Verkaufs der Cook-Traveller-Schecks, deren Vorläufer ebenfalls – wer sonst – Thomas Cook erfand.
(Rainer Schauer, in: Die Zeit, 8.3.1991)

Kapitel 2

GESCHICHTE

Die organisierte Reise: Thomas Cook (Fortsetzung)

Betrachte das Plakat von Karl Riesels Reise-Kontor in Berlin. Welche Dienstleistungen erbringt er?

Hast du schon einmal Leistungen eines Reisebüros beansprucht? Wenn ja, welche?

Versuche, die Geschichte eines größeren Reiseveranstalters (z.B. Kuoni, Neckermann, TUI, Club Méditerrannée, SSR-Reisen) nachzuzeichnen. Seit wann gibt es sie? Aus welchen Bedürfnissen heraus sind sie entstanden?

Chronologie:

▷ 1825 baute der Engländer Stephenson die ersten Lokomotiven für den Kohlenbergbau.

▷ 1830 eröffnete seine Lokomotive auf der Strecke Liverpool/Manchester den Personenverkehr.

▷ 1841 organisierte Thomas Cook eine Zugfahrt zu einer Demonstration gegen Alkoholmissbrauch.

▷ 1845 startete er seine erste große Vergnügungsreise in England.

▷ 1856 organisierte er die erste große Rundreise auf dem Kontinent.

▷ 1865 richtete er sein eigenes Büro in London ein.

▷ 1877 eröffnete er verschiedene eigene Büros in Europa, Amerika, Australien, im Mittleren Osten und in Indien.

▷ 1924 wurde die heutige Thomas Cook & Son, Ltd. gegründet. In 150 Ländern arbeiten tausend eigene Filialen für das weltweit tätige Unternehmen.

Karl Riesels Reise-Kontor
in **Berlin**
Hauptgeschäft:
Berlin NW., Zentralhotel, Friedrichstrasse
Filialen:
Leipzig, Grimmaische Strasse Nr. 17, neben dem Café Français
Nizza, Avenue de la Gare 23

Ein Reise-Geschäft à la Cook in London
mit dem reichlichsten **Instruktionsmaterial** und einer Buch- und Kunsthandlung ausgerüstet.

Verkauf von
direkten, Retour- und Rundtour-Billets zu ermässigten Preisen nach allen Reisegebieten: *Rhein, Salzkammergut, Tirol, Schweiz, Italien* etc., inkl. der Billets für die schweizerischen *Postrouten*, der *Arth-* und *Vitznau-Bahn*, der Tour von *Genf* nach *Chamonix, Martigny* etc. Die Billets werden nach Wahl des Publikums mittels Koupons für Eisenbahn, Post u. Dampfschiff zusammengestellt. Auch Billets für den **grossen Weltverkehr**, z. B. nach *New York, Sydney, Melbourne, Kapstadt* und andern überseeischen Plätzen.
☞ *Auskunft gratis.* ☜
Arrangements von Gesellschaftsreisen nach dem *Orient* im Herbst 1882 und Januar 1883, nach *Ober-Italien* am 27. Mai (Pfingstfest), am 16. Juli nach *Skandinavien* und am 8. Oktober nach ganz *Italien*. Separat-Kurierzüge nach *Salzburg, Kufstein*, resp. *Lindau* (8. und 20. Juli, 3. und 13. Aug.), nach der *Schweiz*. — Verkauf der Reise- und **Kursbücher**, **Karl Riesels Reiselexikon** (3. Aufl.), 1 Mark, ein unentbehrlicher Ratgeber in allen Reisefragen, **Karl Riesels Reiseblätter** und Badezeitung in drei Sprachen, 25 Pf.
☞ Lager von „**Meyers Reisebücher**"
Verkauf von **Karl Riesels Hotel-Koupons**
(pro Tag 8 Mk.). Nicht benutzte Koupons werden zurückgenommen.
Billets und Bücher werden auch nach ausserhalb versandt.

Karl Riesels Reise-Kontor, Anzeige von 1880

Freizeit – Reisen – Tourismus
Eine Projektmappe

Kapitel 2

GESCHICHTE

Die organisierte Reise: Thomas Cook (Fortsetzung)

„Im Schlafwagen der Canadian-Pacific-Bahn"
Holzstich nach einer Zeichnung von M. Prior, 1889

Versuche anhand des Bildes Aussagen über die Zugfahrt und die Passagiere zu machen.

Stelle eine Liste möglicher Transportmittel von der Vergangenheit bis in die Gegenwart zusammen und versuche sie nach selbst gewählten Kriterien zu ordnen (z.B. Geschwindigkeit, Art des Verkehrsmittel, Kapazität, Entstehungsjahr etc.).

Diskutiert im Plenum, wie sich die Reiseformen in den letzten hundert Jahren verändert haben und welche Vor- und Nachteile sie jeweils hatten. Welche Faktoren haben solche Veränderungen verursacht bzw. gefördert? Welche Rolle spielte dabei die technische Entwicklung?

Freizeit – Reisen – Tourismus
Eine Projektmappe

Kapitel 2

GESCHICHTE

Yuan Zuzhi in Europa

Suche ein paar Elemente im Text, die auf die Schichtzugehörigkeit von Yuan Zuzhi schließen lassen.

Wählt in Gruppen drei Szenen aus Yuan Zuzhis Text aus, die ihr nachspielt. Die anderen, zuschauenden Gruppen erraten, ob es sich um chinesisches oder westliches Verhalten handelt.

Ende des 19. und Anfang des 20. Jahrhunderts begaben sich zahlreiche Bildungsreisende nach Europa. Gelehrte, Schriftsteller, Diplomaten und Politiker aus aller Welt sahen Europa zum ersten Mal und kommentierten oft ihre Beobachtungen. Besonders interessant und aufschlussreich für den Westen sind die Betrachtungen der Reisenden aus damals schwer zugänglichen Ländern wie China und Japan.

Yuan Zuzhi (1827–1898) stammte aus einem begüterten Gelehrtengeschlecht aus China. Er reiste 1883 mit chinesischen Politikern nach Europa und veröffentlichte eine kleine Zusammenfassung mit allen wichtigen Hinweisen für den chinesischen Reisenden.

„Die westlichen Bräuche entbehren nicht gewisser Gemeinsamkeiten mit denen Chinas, und wenn sie auch bisweilen etwas verschieden sind, so darf das nicht erstaunen, sind doch beide Kontinente durch mehrere zehntausend Li voneinander getrennt. Diese Bräuche können aber auch ganz im Gegensatz zueinander stehen, wovon ich hier einige Beispiele anführen möchte:

In chinesischen Landen lässt man Tore und Fenster weit offen; im Westen sind Türen und Tore dazu da, geschlossen zu werden.

In China erachtet man es als angenehmer, sich seiner Amtstracht zu entledigen, bevor man sich zu Tisch setzt; im Westen dürfte man kaum an einem Festessen teilnehmen ohne entsprechende Kleidung.

Wir in China finden es unzüchtig, sich auf den Mund zu küssen; im Westen gilt es als höflich und achtvoll, sich auf den Mund zu küssen und zu umarmen.

In China wird beim Essen nicht geredet; geschwätzige Leute machen sich nur lustig. Im Westen muss man während des Mahles sprechen, sonst glauben die Gäste, es sei einem unwohl.

Chinesinnen lassen sich das Haar nie ins Gesicht fallen; die Frauen im Fernen Westen haben die Stirn voller Locken.

In China gilt es als unhöflich, die Kopfbedeckung abzunehmen; man rückt diese sogar zurecht. Im Fernen Westen ziemt es sich, den Hut zu lüften.

Wenn die Chinesen mit den Fingern zählen, krümmen sie diese, während man sie im Westen ausstreckt.

Kapitel 2

Geschichte

Yuan Zuzhi in Europa (Fortsetzung)

„Wenn ein chinesischer Hausherr Gäste zum Mahle lädt, zieht sich die Hausherrin zurück und trifft nicht mit den Gästen zusammen. Im Fernen Westen muss die Hausherrin den Gästen nicht nur Gesellschaft leisten, sondern dem Ehrengast die Hand schütteln und ihn beim Hinsetzen und Aufstehen vom Tisch beim Arm nehmen.

In China ist es vornehmer, in den oberen Stockwerken zu wohnen, während es im Fernen Westen das Gegenteil ist. Im allgemeinen sind es die Bediensteten, die im vierten oder fünften Stockwerk wohnen.

In China ist Weiß die Farbe der Trauer und Rot die der Hochzeitsfeier und der Freude. Im Fernen Westen trägt man Weiß an der Trauung und Schwarz bei Beisetzungen. In chinesischen Landen wäscht man sich Hände und Gesicht nach dem Mahl; im Fernen Westen, bevor man sich zu Tisch setzt. In China wird Schwarz für schmutzige Arbeit getragen, im Westen sind die Fest- und Amtsgewänder schwarz. Chinesische Frauen fänden es als demütigend und beschämend, angeschaut und gemustert zu werden. Im Westen fühlen sich die Frauen geschmeichelt, von jedem beliebigem Mann von oben bis unten betrachtet zu werden, und sie sind sogar stolz auf Komplimente."

(André Lévy: Nouvelles lettres édifiantes et curieuses d'Extrême-Occident par des voyagers lettres chinois à la Belle Epoque, Paris 1986, in: UNESCO-Kurier 4/1987)

Diskutiert diesen Satz von W. Benjamin im Zusammenhang mit dem obigen Text. Inwiefern ist der Blick auf die fremde Kultur auch ein Blick auf die eigene?

Versuche dich anhand einer eigenen Reise (im In- oder Ausland) an ein frappantes Erlebnis zu erinnern. Welche Gemeinsamkeiten oder Unterschiede sind dir dabei aufgefallen? Vergleiche deine Erfahrungen mit denjenigen anderer SchülerInnen.

„Schneller als Moskau selber, lernt man Berlin von Moskau aus sehen."

(Walter Benjamin)

© Verlag an der Ruhr, Postfach
45422 Mülheim an der Ruhr

Freizeit – Reisen – Tourismus
Eine Projektmappe

Kapitel 2

GESCHICHTE

Tourismus in den Alpen

Vom Schrecken zur Bewunderung

Nur ja nicht ins Gebirge! Der Mensch im Mittelalter hatte Angst vor den Bergen. Sie galten als Sitz von bösen Geistern. Die wilden und oft dunklen Täler, Schnee, Eis und unberechenbare Naturgewalten versetzten Einwohner und Fremde in abergläubisches Staunen, oft auch in Angst und Schrecken. Wer nach Italien reisen musste, trat den Weg durch die Alpen zunächst mit einem gewissen Grauen an. Bis ins 17. Jahrhundert galten die Alpen als gefahrvolle und scheußliche Hindernisse. Nur vereinzelt wagten sich Forscher und Dichter in diese Regionen mit ihren fremdartigen BewohnerInnen.

Im Laufe des 18. Jahrhunderts änderte sich die Einschätzung der Gebirgslandschaften in weiten Bevölkerungskreisen. „Schuld" daran waren die Dichter, die im Zuge der aufkommenden Naturverherrlichung begannen, die Berge als einen Ort der Unberührtheit und Intaktheit zu schildern. J.J. Rousseau löste mit seinem Aufruf „zurück zur Natur" große Begeisterung bei vielen Menschen aus. Aber Reisen waren zu dieser Zeit den obersten Bevölkerungsschichten vorbehalten, und der Tourismus in den Alpen hielt sich bis in die erste Hälfte des 19. Jahrhunderts in engen Grenzen.

Die Engländer als Gipfelstürmer

Angetrieben durch ihren sprichwörtlichen Sportsgeist und die literarischen Berichte von Erstbesteigungen begründeten die Engländer den klassischen Alpinismus. Gipfel um Gipfel wurde bezwungen. Bergsteigen war noch keine Modesache, „sondern Angelegenheit erlesener Geister und besonders ausgestatteter Konstitutionen". Es ging um das Duell zwischen Mensch und Berg. Den Einheimischen blieb nur ein verwundertes Kopfschütteln ob all den Verrücktheiten dieser seltsamen Gäste. Gegen Ende des 19. Jahrhunderts gab es bald keinen Gipfel mehr, den nicht ein menschlicher Fuß betreten hatte.

Eine Alpenpartie um 1850. Aufstieg auf einem Leiterweg im Kanton Wallis (Schweiz). Lithographie von F. Guerard

© Verlag an der Ruhr, Postfach
45422 Mülheim an der Ruhr

Freizeit – Reisen – Tourismus
Eine Projektmappe

Kapitel 2

GESCHICHTE

Tourismus in den Alpen (Fortsetzung)

Kannst du dir vorstellen, warum die Menschen im Mittelalter Angst vor den Bergen hatten? Schreibe drei mögliche Ursachen auf.

Stellt das Bild „Alpenpartie" in eurem Klassenzimmer nach. Was könnten die Menschen zueinander sagen?

Welches Bild hast du von den Bergen? Schreibe in drei Minuten stichwortartig deine Gefühle und Assoziationen auf.

Zählt in der Klasse, in wie vielen verschiedenen Wintersportorten ihr zusammen schon gewesen seid.

Was empfinden wohl heutzutage Einheimische in Afrika, wenn europäische TouristInnen mit dem Mountainbike den Kilimandscharo hinunterfahren, oder was mögen BewohnerInnen im Himalaya denken, wenn sie die teuer ausgerüsteten River RafterInnen in ihren Schluchten sehen?

Auf die Gipfelstürmer folgen die TouristInnen

Der Alpinismus brachte den Tourismus in die Berge. Alpenclubs wurden gegründet, Berghütten erstellt und die Wegenetze ausgebaut. Die TouristInnen, lange Zeit vor allem EngländerInnen, brachten Geld in die abgelegenen Regionen. Zum Beispiel Zermatt:

1820 tauchte ein Kräutersammler als erster „Tourist" im abgelegenen Dorf auf. Er musste vom Pfarrer vor der aufgebrachten Bevölkerung, die den Fremden handgreiflich vertreiben wollte, in Schutz genommen werden.
1833 wurde mit dem Gasthaus „Cervin", das gerade mal drei Betten anbot, das erste Hotel eröffnet. Die tragische Erstbesteigung des Matterhorns von 1865, bei der vier Bergsteiger den Tod fanden, machte das Dorf schlagartig weltberühmt. Herbergen und Hotels schossen aus dem Boden, 30 Jahre später war die erste Bergbahn gebaut. Vorerst war es der Sommertourismus, der die Gäste anlockte. Nach der Jahrhundertwende fuhren die ersten „Verrückten" auf ihren selber gebastelten Brettern durch den Tiefschnee. Heute zählt Zermatt über 1,5 Millionen Übernachtungen in einer Saison. Den Gästen stehen über 30 Bahnen und Skilifte, acht Hallenbäder und 19 Tennisplätze und eine Helikopterflotte zur Verfügung. Ach ja: jedes Jahr erklimmen rund 3500 BergsteigerInnen das Matterhorn, etwa zwölf pro Jahr bezahlen ihre Abenteuerlust mit dem Leben.

Skifahren als Volkssport

Nach dem ersten Weltkrieg begannen immer mehr Menschen, sich in ihrer Freizeit sportlich zu betätigen. Der neu aufkommende Skisport entwickelte sich zu einem wahren Volksvergnügen. Orte wie Davos oder St. Moritz, die eigentlich der Erholung dienten, wurden wegen ihrer idealen Geländeverhältnisse für den Wintersport regelrecht überlaufen. Der Wintersport wurde zur wichtigsten Einnahmequelle im alpinen Gebiet und ist es bis heute geblieben.

Freizeit – Reisen – Tourismus
Eine Projektmappe

Kapitel 2

GESCHICHTE

Urlaub und Politik:

Ferien für ArbeiterInnen und „Kraft durch Freude" für NationalsozialistInnen

Urlaub für alle?

„Es geht viel zu weit, einen Erholungsurlaub für Leute einzuführen, die nur körperlich tätig sind und unter der Gesundheit nicht schädigenden Verhältnissen arbeiten. Für Beamte, die geistig tätig sind und häufig Überstunden arbeiten müssen, die auch keine körperliche Ausarbeitung bei ihrer Tätigkeit haben, erscheint die Erteilung von Erholungsurlaub gerechtfertigt. Für ArbeiterInnen ist ein solcher Urlaub in der Regel nicht erforderlich. Die Betätigung dieser Personen ist eine gesunde. Eine geistige Anstrengung kommt nicht vor, auch von körperlicher Überarbeitung kann man nicht reden."
(Chemnitzer Handelskammer, 1906)

Urlaub war für die ArbeiterInnen im 19. Jahrhundert unbekannt. Viele mussten sogar noch sonntags arbeiten, Kinderarbeit und 14- bis 16-Stunden-Tage waren die Regel. Erst um die Jahrhundertwende wurde die Sieben-Tage-Woche abgeschafft, und in den 20er-Jahren unseres Jahrhunderts wurde der Kurzurlaub für fast alle ArbeiterInnen eingeführt.

Naturfreunde: Erholung und politische Bildung

1895 gründeten engagierte ArbeiterInnen in Wien den Verein „Die Naturfreunde". Sie organisierten vorerst Tagesausflüge, um den IndustriearbeiterInnen wenigstens kurze Erholungsreisen an Sonn- und Feiertagen zu ermöglichen. Mit der schrittweisen Einführung eines drei- bis sechstägigen Jahresurlaubes wurde es möglich, Reisen in Badeorte und in die Berge zu organisieren. Das war bisher dem Adel, dem Bürgertum und den Beamten vorbehalten geblieben. Die Naturfreunde sahen ihre Arbeit immer als einen Teil der Arbeiterbewegung. Die Mitglieder waren politisch und gewerkschaftlich organisiert. In den „bürgerlichen" Ferienorten organisierten sie sich ihre eigene, meist sehr einfache Infrastruktur mit Übernachtungsmöglichkeiten und Verpflegung.

„Wir wollten vor allem die Arbeiter losreißen von den Stätten des Alkohols, vom Würfel- und Kartenspiel. Wir wollten sie aus der Enge ihrer Wohnung, aus dem Dunst der Fabriken und Wirtshäuser hinausleiten in unsere herrliche Natur, sie der Schönheit und der Freude entgegenführen. Wir wollten sie in die Lage versetzen, ihre Körper und ihren Geist freizumachen von dem trüben und öden Allerlei des Alltags. Wir wollten sie der frischen Luft, dem Licht und der Sonne zuführen."
(G. Schmiedel, einer der Gründer, zitiert nach G. Schügerl: Tradition und Fortschritt, Wien 1974)

© Verlag an der Ruhr, Postfach
45422 Mülheim an der Ruhr

Freizeit – Reisen – Tourismus
Eine Projektmappe

Kapitel 2

GESCHICHTE

Urlaub und Politik (Fortsetzung)

✏️ **Die Naturfreunde** haben vor fast hundert Jahren versucht, ihre Vorstellungen von Ferien in die Tat umzusetzen. Welche ihrer Ideen findest du immer noch aktuell, welche nicht mehr? Diskutiert zu zweit und macht eine Liste mit den wichtigsten Punkten.

✏️ **Du bist engagierte/r GewerkschafterIn um 1906.** Formuliere einen Gegenentwurf zu der Verlautbarung der Chemnitzer Handelskammer.

💬 **Viele Einrichtungen der Naturfreunde gibt es noch heute.** Hast du sie auch schon benutzt? Entwerfe einen Geschäftsbrief an die Naturfreunde und fordere die Unterlagen und Hüttenverzeichnisse an.

Hitlers (Reise-)Pläne: Kraft durch Freude

Die NationalsozialistInnen erkannten früh, wie sie Urlaub und Reisen für ihre Zwecke benutzen konnten. Über ihre Jugendorganisation „Hitlerjugend" organisierten sie Tagesausflüge und Reisen. Um die ArbeiterInnen für ihre Ideen zu gewinnen, gewährten sie ihnen einen mindestens sechstägigen Jahresurlaub. 1933 gründeten sie „Kraft durch Freude", eine Organisation, die schon bald als äußerst erfolgreiches Reisebüro arbeitete und Millionen von deutschen ArbeiterInnen ihre ersten Reisen im In- und Ausland ermöglichte. Insgesamt verkaufte KdF bis zum 2. Weltkrieg 43 Millionen Reisen, darunter 84% Tagesausflüge. Hitler selber formulierte seine Ziele folgendermaßen: „Ich will, dass dem Arbeiter ein ausreichender Urlaub gewährt wird und dass alles geschieht, um ihm diesen Urlaub sowie seine übrige Freizeit zu einer wahren Erholung werden zu lassen. Ich wünsche das, weil ich ein nervenstarkes Volk will, denn nur alleine mit einem Volk, das seine Nerven behält, kann man wahrhaft große Politik machen." Wohin diese seine große Politik mit dem „nervenstarken Volk" führte, machten die nächsten Jahre in all ihrer Schrecklichkeit klar.

Cuxhaven:
KdF-Fahrer gehen an Bord
(Bundesarchiv, Sign. 78/124/1)

Freizeit – Reisen – Tourismus
Eine Projektmappe

Kapitel 3

WIRTSCHAFT

Einleitung

Der weltweite Tourismus hat seit 1960 um mehr als das Achtfache zugenommen. Die Tourismusindustrie ist damit zu einem der größten Wirtschaftszweige der Welt geworden. Schätzungen gehen davon aus, dass weltweit jeder zehnte Arbeitsplatz direkt oder indirekt mit dem Tourismus verbunden ist. 1996 hat die Reisebranche rund 580 Milliarden Franken (716 Milliarden DM) umgesetzt. Prognosen gehen von einer weiteren Verdoppelung des Volumens bis ins Jahr 2005 aus. Der Tourismus läuft Gefahr, sich durch seinen „Erfolg" selber zu zerstören.

Der Tourismus ist auch ein Abbild des vorherrschenden Wirtschaftssystems. Nicht alle profitieren in gleichem Maß von diesem Aufschwung. Europa, Nordamerika und die höher industrialisierten asiatischen Länder profitieren übermäßig vom Tourismusboom, sowohl was die Reisemöglichkeiten seiner BewohnerInnnen als auch die Deviseneinnahmen betrifft. Europa vereinigt mehr als die Hälfte der weltweiten Tourismuseinnahmen auf sich.

Touristische Entwicklung wurde und wird immer noch für viele wirtschaftlich schwache Länder des Südens als Wundermittel der Entwicklung propagiert. Doch nebst den ökologisch bedenklichen Auswirkungen sind auch die wirtschaftlichen Erfolge gering. Je ärmer ein Land ist, desto mehr seiner Einnahmen aus dem Tourismus fließen (in Form von notwendigen Importen, Zinsen, Werbung im Ausland usw.) sofort wieder in die industrialisierten Länder des Nordens zurück. Auch das Argument der Arbeitsplätze ist nicht wirklich überzeugend, werden doch vorwiegend schlecht qualifizierte Jobs geschaffen, die zudem für die einheimische Bevölkerung wenig innovative Wirkung zeigen.

Lernziele

▷ Die SchülerInnen werden sich der ökonomischen Bedeutung des weltweiten Tourismus bewusst und erkennen, dass die Tourismusindustrie der bedeutendste Arbeitgeber der Welt geworden ist.

▷ Die SchülerInnen können die wichtigsten problematischen Faktoren der ökonomischen Auswirkungen des Ferntourismus auf die Länder des Südens erkennen.

▷ Die SchülerInnen lernen, dass der Tourismus als Teil eines weltweit ungerechten Wirtschaftssystems die Kluft zwischen Arm und Reich eher vergrößert als verkleinert.

Freizeit – Reisen – Tourismus
Eine Projektmappe

Kapitel 3 WIRTSCHAFT

Weltweiter Tourismus: Zahlen zum Rechnen!

Jetzt jonglieren wir mit den Zahlen. Auf dieser Seite findest du einen ganzen Haufen davon. Deine Aufgabe: Überlege dir, welche Fragen du zum Thema stellen und mit den Zahlen beantworten kannst. Erfinde dann fünf spannende, verrückte, einfache, verblüffende, komplizierte ... Rechenaufgaben mit diesen Zahlen für deine SchulkollegInnen und lege sie ihnen zur Beantwortung vor.

Weltweit wurden 1996 rund 600 Millionen grenzüberschreitende Reisen unternommen. Nicht mitgezählt sind da alle Reisen innerhalb des gleichen Landes, die noch einmal ein Vielfaches der internationalen Reisen ausmachen. Der weltweite Reiseverkehr hat seit 1960 um mehr als das Achtfache zugenommen. Das sind gigantische Zahlen. Und sie lassen sich auch in Geld ausdrücken: Die Reisebranche hat 1996 rund 580 Milliarden Franken (716 Milliarden DM) umgesetzt.

	Touristenankünfte (in Mio.) nach Kontinenten/Regionen (weltweit)	Tourismuseinnahmen weltweit in (Mio.) US-$	Weltbevölkerung (in Mio.) nach Kontinenten/Regionen
Welt insgesamt (1996)	592	423 000	5 804
Afrika	20	8 000	748
Nordamerika	84	80 000	296
Mittel- und Südamerika	17	13 000	454
Karibik	15	13 000	36
Ostasien/Pazifik	90	82 000	1 467
Südasien	4	4 000	1 902
Europa	347	215 000	728
Mittlerer Osten	15	8 000	173
	(WTO 1996, alle Zahlen gerundet)	(WTO 1996, alle Zahlen gerundet)	(The state of world population, UNFPA 1996)

Tourismus ist nicht der einzige Grund, Grenzen zu überschreiten. 1995 haben mehr als 27 Millionen Menschen ihr Land als Flüchtlinge verlassen müssen. Der allergrößte Teil von ihnen (fast 75%) wurde von Ländern in Afrika und Asien aufgenommen.
(UNHCR-Report 1995/96)

© Verlag an der Ruhr, Postfach
45422 Mülheim an der Ruhr

Freizeit – Reisen – Tourismus
Eine Projektmappe

Kapitel 3

WIRTSCHAFT

Wie viel Geld wird für Freizeit und Ferien ausgegeben?

Rechne im genannten Beispiel um, wie viel Prozent die anderen Ausgabenposten jeweils vom Freizeitbudget ausmachen, und erstelle eine Tabelle. Wie viel Geld steht im Durchschnitt für den gesamten Bereich Freizeit zur Verfügung?

Wie sieht dein eigenes Freizeitbudget aus? Stelle deine Ausgaben (Kino, Bücher, Sport etc.), zusammen, damit ersichtlich wird, wofür du dein Taschengeld ausgibst. Danach kannst du die verschiedenen Beträge so umrechnen, dass du ihre Prozentanteile an deinem gesamten Taschengeld erhältst.
Zum Schluss kannst du noch einen Vergleich mit Deutschland machen: Hier lag 1993 der Anteil des Freizeitbudgets an den Verbrauchsausgaben bei 16%.
Ausgabeposten waren:

Reisen:	1 656 DM
Verzehr außer Haus:	1 666 DM
Bücher/Zeitungen/Zeitschriften:	644 DM
Fernsehen/Kamera/Video (ohne Computer):	617 DM
Garten/Pflanzen:	391 DM
Sport:	207 DM
Theater/Kino:	190 DM

Mit steigendem Wohlstand sinkt der Anteil der Ausgaben für Grundbedürfnisse (Essen, Wohnen). Im letzten Jahrhundert brauchte eine Familie noch fast die Hälfte ihres Einkommens, um eine große Familie zu ernähren. 1960 wurde noch 37% des privaten Konsums für Nahrungs- und Genussmittel ausgegeben, 1990 nur noch 20%.

Schaut man die Statistiken an, gehören Reisen und Ferien wie Wohnen und Kleidung zu den Grundbedürfnissen des Menschen. Der Anteil des Freizeitbudgets an den Verbrauchsausgaben eines durchschnittlichen schweizer Haushalts hat sich von 15% (1965) auf 21% erhöht und pendelte sich in den letzten Jahren bei rund 20% ein.
(Hansruedi Müller: Jahrbuch der Schweizerischen Tourismuswirtschaft, 1997)

Das meiste „Freizeitgeld" wird nach wie vor für Ferien und Reisen (mobile Freizeit) ausgegeben:
▷ sFr 4 601 (5680 DM) – oder rund 40% des Freizeitbudgets.

Weitere Ausgabenposten sind:

▷ Besuch von Restaurants:	1 832 sFr
▷ TV/Video/Radio/Computer:	1 230 sFr
▷ Bücher/Zeitungen/Zeitschriften:	993 sFr
▷ Sport:	594 sFr
▷ Garten:	530 sFr
▷ Kino/Theater:	244 sFr

(Durchschnittszahlen pro Jahr)

Freizeit – Reisen – Tourismus
Eine Projektmappe

Kapitel 3

WIRTSCHAFT

Die beliebtesten Reiseziele 1996

Macht eine Umfrage bei 20 Personen über ihre drei beliebtesten ausländischen Reiseziele. Haltet eure Ergebnisse schriftlich fest und erstellt daraus eine Tabelle mit den zehn meistgenannten Ländern. Vergleicht eure Liste mit den weltweiten Spitzenreitern.

Land	Ankünfte in Mio.
Frankreich	61,5
USA	44,8
Spanien	41,3
Italien	35,5
China	26,0
Großbritannien	25,8
Mexiko	21,7
Ungarn	20,7
Polen	19,4
Kanada	17,3

(Quelle: WTO 1996)

Bist du überrascht? Dein Lieblingsland hat es nicht unter die Top Ten geschafft? Macht nichts, zum Glück haben ja nicht alle die gleichen Vorlieben ... Übrigens: Deutschland ist mit 15 Millionen BesucherInnen auf dem 13., die Schweiz mit 11 Millionen auf dem 15. Platz gelandet.

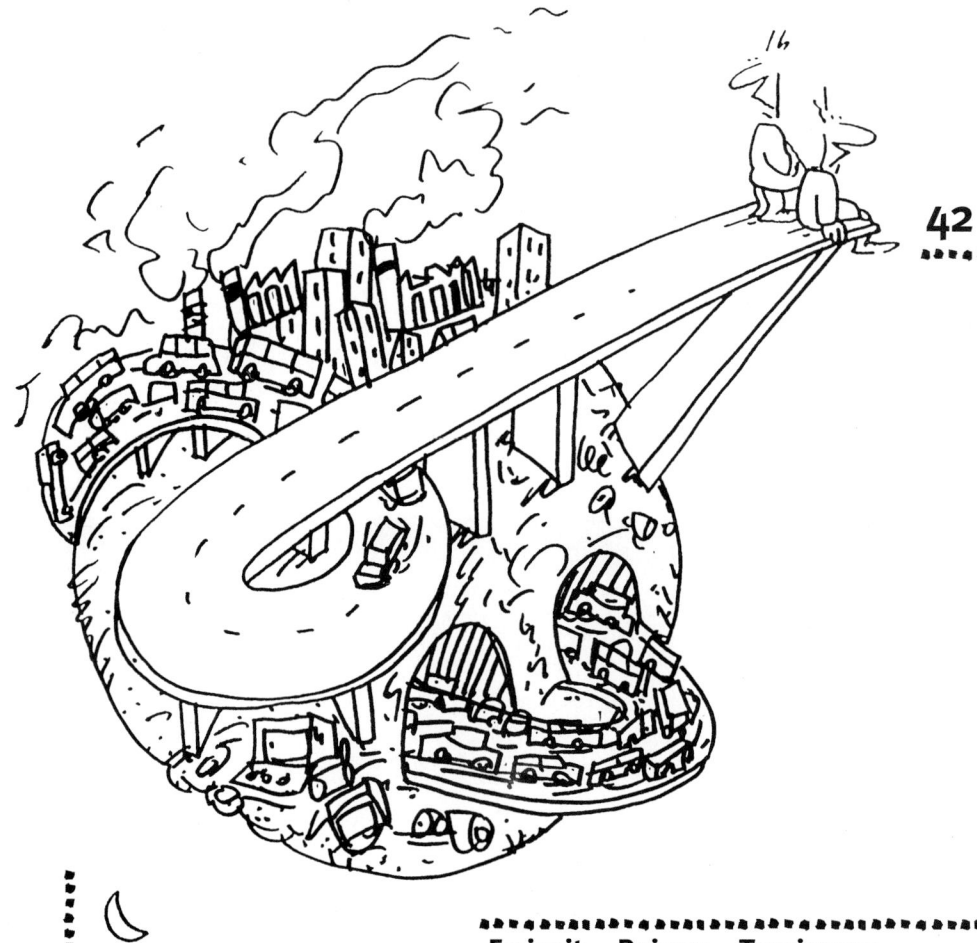

Freizeit – Reisen – Tourismus
Eine Projektmappe

Kapitel 3　　　　　　　　　　　　　　**WIRTSCHAFT**

Was kostet deine Reise?

Wählt eine der vier folgenden Reisen aus:

▷ Zwei Wochen Karibikurlaub
▷ Zwei Wochen Ski-/Snowboard-Ferien in einem Wintersportort der Schweiz oder in Deutschland
▷ Zwei Wochen Fahrradtour in Südfrankreich, mit Übernachtungen auf dem Zeltplatz
▷ Zwei Wochen Badeferien in Spanien

Beschafft euch die nötigen Unterlagen, um für eure Reise ein realistisches Budget zu erstellen. Folgende Faktoren müssen auf jeden Fall enthalten sein: Reisekosten, Unterkunft, Verpflegung und alle Anschaffungen für die Reise.

Stellt auf der nebenstehenden Liste die Kosten zusammen. Vergleicht eure Resultate mit den anderen Gruppen.

Ausgaben:

Transportkosten (Flug, Zug, Bahn, Auto)	
Übernachtung, Unterkunft	
Impfungen vor der Reise	
Reisekrankenversicherung (ärztliche Behandlung, eventuell Heimtransport)	
Reisegepäckversicherung	
Reiseapotheke (Verbandsmaterial, Schere, Pinzette, Fieberthermometer, diverse Medikamente)	
Rucksack/Reisetasche/Koffer	
Schlafsack, eventuell Schlafmatte	
Jeans, Hemden, Pullover, Unterwäsche spezielle Sportbekleidung	
Wanderschuhe	
Surfbrett	
Skiausrüstung	
Sprachführer, Reiseführer, Karten	
Kameraausrüstung, Filme	
Souvenirs	
Feuerzeug, Nähzeug, Trinkflasche, Dosenöffner	
Nagelfeile, Sonnenbrille, Taschenlampe, Seife, Shampoo, Zahnbürste, Zahnpasta	
Schreibmaterial	
Walkman	
...	
...	
Total	

© Verlag an der Ruhr, Postfach 45422 Mülheim an der Ruhr

Freizeit – Reisen – Tourismus
Eine Projektmappe

Kapitel 3

WIRTSCHAFT

Tourismus und Arbeitsplätze

Beschaffe dir die entsprechenden Statistiken mit den aktuellen Zahlen für Deutschland und die Schweiz (Adressen im Literaturverzeichnis). Vergleiche sie mit den weltweiten Zahlen. Wie wichtig ist der Tourismus für dein Land?

1995 waren weltweit rund 10% (über 200 Millionen) aller Beschäftigten im Tourismus- und Reisesektor tätig. Damit ist der Tourismus der wichtigste Arbeitgeber überhaupt. Entsprechend den Wachstumsprognosen soll zwischen 1995 und 2005 alle 2,5 Sekunden ein neuer Arbeitsplatz im Tourismus geschaffen werden; in zehn Jahren werden in dieser Branche 338 Millionen Menschen rund um den Erdball ein Auskommen haben.
(World Travel & Tourism Council (WTTC), 1995)

Ein gutes Geschäft für alle?

Alles wunderbar, könnte man meinen. Leider sieht die Realität nicht immer so rosig aus. Viele Arbeitsplätze im Tourismus sind saisonal beschränkt, ob in den Alpen oder am Sandstrand in Tunesien. Gerade in ärmeren Ländern sind Lohn und soziale Sicherheit bei diesen Jobs minimal. Es entstehen zwar unzählige Stellen für Zimmermädchen, Kofferträger, Küchenhilfen und Liftboys. Aber bei den meisten dieser neu geschaffenen Stellen handelt es sich um schlecht qualifizierte Arbeit. Der Frauenanteil ist überdurchschnittlich hoch. Die ILO (Internationale Arbeitsorganisation) schätzt den Anteil der Kinderarbeit auf 10 bis 15%. Das Personal ist beliebig auswechselbar, und die wenigen anspruchsvollen Arbeitsplätze werden von den internationalen Konzernen durch ausländisches Personal besetzt.

Kapitel 3

WIRTSCHAFT

Tourismus und Arbeitsplätze (Fortsetzung)

Lies den Text über die Arbeitsbedingungen von Ester de la Cruz noch einmal durch. Formuliere eine Fünf-Punkte-Liste mit wichtigen Arbeitsbedingungen, die für das Personal im Tourismusbereich erfüllt sein müssten.

Erkundige dich, wie in deinem Land die Arbeitsbedingungen im Hotel- und Gaststättengewerbe aussehen. Besorge dir dazu die entsprechenden Gesamtarbeitsverträge.

Ester de la Cruz, Tischanweiserin in einem Luxushotel:
„Niemand erhält hier einen Arbeitsvertrag. Eine Kündigungsfrist gibt es auch nicht. Wenn die mich nicht mehr wollen, können sie mich heute nach Hause schicken. Und wenn ich nicht mehr will, kann ich heute gehen. Das werde ich auch tun, sobald ich eine bessere Arbeit gefunden habe." Ester de la Cruz ist 28 Jahre alt und stammt aus Santo Domingo (Dominikanische Republik). Sie arbeitet als Tischzuweiserin im Fünf-Sterne-Hotel Melia in Punta Cana an der Ostseite der Insel. Die 1 500 Betten umfassende Bungalowanlage gehört zur spanischen Hotelkette Sol Melia. 668 Angestellte sorgen rund um die Uhr für das Wohl der Feriengäste, die sich den vergänglichen Luxus zwischen 110 und 235 US-Dollar pro Nacht mit Frühstück kosten lassen. Mehr also als die umgerechnet 170 Schweizer Franken (210 DM), die Ester de la Cruz in einem ganzen Monat verdient. Dafür steht sie nicht selten elf Stunden am Tag im Dienst im Speisesaal, und die zwei bis drei Zimmerstunden kann sie wenig nutzen. Außer zum nahen Supermarkt kann sie nirgends hin, und in der Hotelanlage dürfen sich die Angestellten während ihrer Freizeit nicht aufhalten. Bleibt nur noch das Zimmer, doch die Personalunterkünfte sind klein, düster und bloß mit einer dünnen Trennwand in vier Abteile mit je zwei Doppelstockbetten unterteilt.
(Grütter, Plüss: Herrliche Aussichten, 1996, S. 178)

Freizeit – Reisen – Tourismus
Eine Projektmappe

Kapitel 3

WIRTSCHAFT

Wo bleibt das Geld der TouristInnen?

Die Länder des Südens sind angesichts ihrer hohen Verschuldung und der fallenden Rohstoffpreise ständig auf der Suche nach neuen Devisenquellen. Für viele Länder ist der internationale Tourismus zum wichtigsten Wirtschaftszweig mit angeblich hohen Deviseneinnahmen geworden. Es ist allerdings sehr schwer auszumachen, welchen tatsächlichen Nutzen die bereisten Länder vom internationalen Reiseverkehr haben. Denn der Tourismus besteht aus einem komplizierten Paket verschiedener Dienstleistungen. Bevor ein Land überhaupt BesucherInnen empfangen kann, muss eine entsprechende Infrastruktur aufgebaut werden, d.h. Flughäfen, Straßen-, Wasser- und Elektrizitätsnetze, Hotels oder sonstige Übernachtungsmöglichkeiten usw. Diese Infrastrukturkosten übernimmt meistens der Staat.

Wenn Statistiken Deviseneinnahmen ausweisen, dann geben sie in der Regel nur die Bruttoeinnahmen aus dem Tourismus an. Wenn man herausfinden will, wie viel in einem Land bleibt, muss man von den Netto-Devisen reden, also den Devisen, die dem Land nach Abzug aller Ausgaben für die TouristInnen bleiben, wie z.B. Ausgaben für:

▷ Importe von Konsumgütern (Getränke, Nahrungsmittel) und Dienstleistungen

▷ Zinsen, Dividenden usw. von ausländischen Investitionskapitalien

▷ Werbung im Ausland

▷ Ausbildung touristischer Fachkräfte im Ausland

▷ Importierte Ausrüstungsgegenstände für Hotels

▷ Im Ausland hergestellte Transportmittel

▷ Gehälter europäischer Führungskräfte

Kapitel 3 **WIRTSCHAFT**

Wo bleibt das Geld der TouristInnen? (Fortsetzung)

Stelle eine Liste von Bedingungen zusammen, die erfüllt sein müssen, damit möglichst viele Devisen im Land bleiben, d.h. damit ein Land möglichst viel vom Tourismus profitieren kann.

In Thailand beispielsweise mussten von den 50 Millionen Baht (thailändische Währung), die 1987 durch den Tourismus ins Land kamen, 28 Millionen Baht (d.h. 56%) wieder für den Import von Luxusgütern ausgegeben werden. Bei ärmeren Ländern mit einer weniger entwickelten Wirtschaft als Thailand fließt noch mehr Geld ab. Wichtige Kriterien dafür, wie viel Geld im Land bleibt, sind unter anderem, ob eine verarbeitende Industrie, ein gut ausgebildeter Dienstleistungssektor und eine moderne Landwirtschaft vorhanden sind.
Darüber, wie viel Geld aus dem Tourismus in den Ländern des Südens bleibt, wird seit Jahren gestritten. Zuverlässige Devisenrechnungen gibt es nicht. Die Angaben beruhen auf Schätzungen und sind entsprechend der Interessenlage gefärbt.

Touristen sind wie die Devisen: sie kommen und gehen...

Freizeit – Reisen – Tourismus
Eine Projektmappe

Kapitel 3

WIRTSCHAFT

Wo bleibt das Geld der TouristInnen? (Fortsetzung)

Rechne am Beispiel der Keniareise aus, wie hoch jeweils die Prozentanteile sind, die im Herkunftsland und im Reiseland verbleiben. Weiter kannst du mit einem Kuchendiagramm (ebenfalls in Prozenten) angeben, wie sich die Ausgaben in Kenia aufsplitten.

Beispiel:
Devisen und Einkommenswirkung einer Keniareise

„Unser Ferienbudget von 2 530 Franken (3 123 DM) brachte nur zu rund einem Drittel mehr Einkommen nach Kenia. Rund 1 500 Franken erreichten nie das Zielland oder verließen es wieder als Devisenausgaben."

(Hansruedi Müller nach einer Kenia-Fachexkursion des Institutes für Freizeit und Tourismus, in: Maurer u.a.: Tourismus und Dritte Welt, 1992)

Fazit: Je ärmer ein Land ist, desto höher ist die Wahrscheinlichkeit, dass die Bruttoausgaben für den Tourismus die Einnahmen übersteigen.

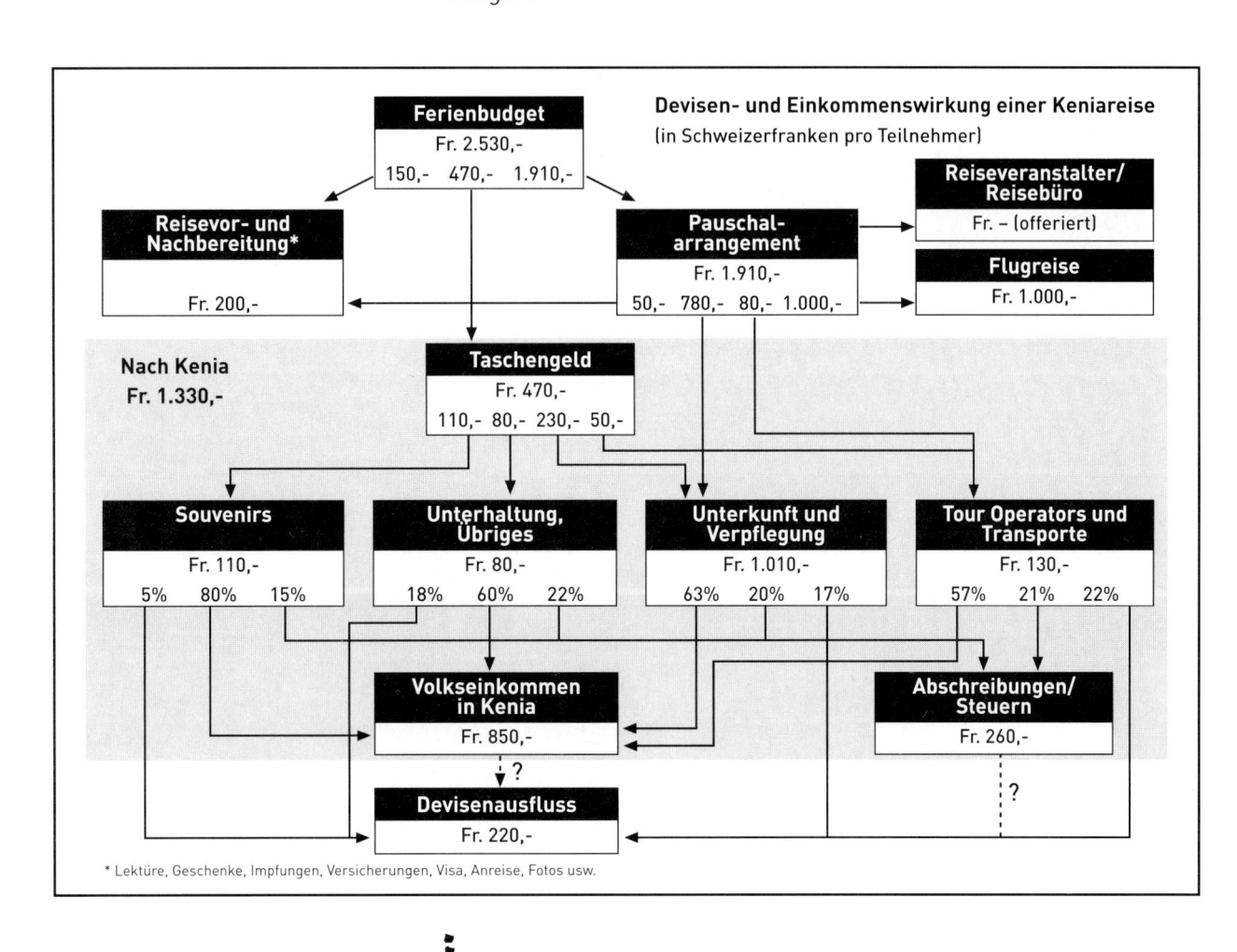

Devisen- und Einkommenswirkung einer Keniareise
(in Schweizerfranken pro Teilnehmer)

Ferienbudget Fr. 2.530,-
150,- 470,- 1.910,-

Reisevor- und Nachbereitung* Fr. 200,-

Pauschalarrangement Fr. 1.910,-
50,- 780,- 80,- 1.000,-

Reiseveranstalter/Reisebüro Fr. – (offeriert)

Flugreise Fr. 1.000,-

Nach Kenia Fr. 1.330,-

Taschengeld Fr. 470,-
110,- 80,- 230,- 50,-

Souvenirs Fr. 110,-
5% 80% 15%

Unterhaltung, Übriges Fr. 80,-
18% 60% 22%

Unterkunft und Verpflegung Fr. 1.010,-
63% 20% 17%

Tour Operators und Transporte Fr. 130,-
57% 21% 22%

Volkseinkommen in Kenia Fr. 850,-

Abschreibungen/Steuern Fr. 260,-

Devisenausfluss Fr. 220,-

* Lektüre, Geschenke, Impfungen, Versicherungen, Visa, Anreise, Fotos usw.

Freizeit – Reisen – Tourismus
Eine Projektmappe

Kapitel 3

WIRTSCHAFT

Prognosen – eine Angelegenheit für Zukunftsforscher

Setze die Zahlen grafisch um und zeichne ein Diagramm der Jahre 1950 bis 2000. Versuche dir vorzustellen, wie die Entwicklung des Tourismus nach dem Jahr 2000 weitergehen könnte.

Was hältst du von diesen Prognosen? Liste in einigen Punkten Vor- und Nachteile auf, die diese Entwicklung deiner Meinung nach mit sich bringen könnte.

Macht zu dritt ein Rollenspiel. Vertreten im Gespräch sind der Tourismusminister eines aufstrebenden asiatischen Landes, eine Flughafenanwohnerin aus Frankfurt und eine junge Frau, für die Reisen ihre „liebste Freizeitbeschäftigung" ist. Haltet die wichtigsten Punkte eures Gespräches in einem kurzen Protokoll fest.

Der Tourismus entwickelt sich rasant. 1950 wurde die Zahl der grenzüberschreitenden Reisen auf rund 25 Millionen geschätzt. 1970 waren es 159 Millionen, 1980 rund 285 Millionen und 1996 bereits 592 Millionen. Bis ins Jahr 2000 soll die Zahl der internationalen Touristenankünfte nach Schätzungen der WTO 702 Millionen betragen! 2020 werden die Touristenankünfte mit 1,6 Milliarden fast dreimal so hoch sein wie 1996. Dabei wird meistens zwischen Industriestaaten gereist, da Auslandsreisen für die Durchschnittsbevölkerung in Ländern der Dritten Welt viel zu teuer sind. Über zwei Drittel aller Reisen werden mit dem Auto oder dem Flugzeug unternommen, der Flugverkehr wird sich gegenüber heute bis ins Jahr 2005 verdoppeln.

Freizeit – Reisen – Tourismus
Eine Projektmappe

Kapitel 4

ÖKOLOGIE

Einleitung

Jede Art von Tourismus belastet die Umwelt. Es gibt jedoch große quantitative und qualitative Unterschiede. Tourismus ist ein Massengeschäft geworden, und wenn viele Menschen reisen und konsumieren, wirkt sich das auf die Umwelt aus.

Der Hauptanteil an der ökologischen Belastung fällt bereits bei der Reise an. Die Wahl des Ferienzieles, das Transportmittel und natürlich auch die Häufigkeit des Urlaubes prägen die eigene „Ökobilanz". Bei einer Woche Skiferien in den Rocky Mountains schlägt alleine die Transportenergie rund 45-mal höher zu Buche als bei einer einwöchigen Radtour im benachbarten Ausland.

Als umworbene KonsumentInnen hätten wir die Freiheit der Wahl. Aber die wirtschaftlichen und politischen Rahmenbedingungen verzerren den Wettbewerb: Der Flug in die Karibik ist schon bald billiger als die Fahrt mit Zug und Schiff nach Korsika. Ferien im eigenen Land sind oft teurer als eine Reise nach Ägypten.

Einmal angekommen, bleibt unser Urlaub auch im Gastland nicht ohne Auswirkungen. Die Infrastruktur muss bereitgestellt werden, Straßen, Flugplätze, Hotelbauten. Die Bedürfnisse der Touristen lassen sich oft nicht mit einheimischen Produkten befriedigen; der Import von Gütern aller Art verschlingt Energie, Ressourcen und Devisen. Gerade in materiell ärmeren Ländern bedeutet ein wachsender Tourismus oft eine Überforderung für die natürlichen Ressourcen und die bestehende Infrastruktur. Probleme mit dem Trinkwasser, ungeklärte Abwässer und die Schwierigkeiten bei der Entsorgung des Touristenmülls führen bei vielen Touristenzentren zur Beeinträchtigung des kostbaren Kapitals, von dem sie leben: eine für unsere Begriffe intakte Umwelt.

Lösen lassen sich diese Probleme nicht von heute auf morgen. Aber mit vermehrter Aufmerksamkeit und einem bewussteren Umgang bei der Wahl der Ferienziele und der Transportmittel kann jeder Konsument und jede Konsumentin ganz persönlich gegensteuern. Es gibt auch in der Reiseindustrie Bestrebungen nach umweltverträglicherem Urlaub. So bleibt die Hoffnung, dass bei vermehrter Nachfrage auch die Anstrengungen seitens der Reiseindustrie intensiviert werden.

Und letztendlich werden wir uns auch Rechenschaft darüber ablegen müssen, ob denn das „immer häufiger und immer weiter" wirklich zu dem Glück führt, das wir suchen. Nur weil es billig ist, muss das Shoppingwochenende in New York nicht zwingend erholsamer sein als ein Städtebummel in der näheren Umgebung.

Lernziele für die SchülerInnen

▷ Die SchülerInnen erkennen, dass jede Art von Mobilität mit erhöhtem Ressourcenverbrauch verbunden ist.

▷ Die SchülerInnen werden sich bewusst, welche Kriterien beim Urlaub im Bezug auf die Umweltbelastung besonders wichtig sind.

▷ Die SchülerInnen werden befähigt, die gelernten Kriterien auf ihr eigenes Urlaubsverhalten anzuwenden und können so ihre eigenen Vorstellungen und Prägungen reflektieren.

Freizeit – Reisen – Tourismus
Eine Projektmappe

Kapitel 4

ÖKOLOGIE

Die Natur muss weichen

Wo hast du deine letzten Ferien verbracht? Versuche anhand der daneben stehenden Kategorien von Umweltschäden den „Gesundheitszustand" deines Ferienortes (das kann auch dein Wohnort sein, wenn du die Ferien zu Hause verbracht hast) zu bestimmen.

Die beliebten Reiseziele der 60er- und 70er-Jahre leiden heute alle an touristischen Umweltschäden. Die Wasserverschmutzung und Algenplage an der italienischen Adria z.B. haben schon viele Stammgäste vergrault. Bei den meisten touristisch interessanten Gebieten handelt es sich um äußerst labile und anfällige Ökosysteme mit geringer Belastbarkeit. Eingriffe in Wüsten, Lagunen, Koralleninseln und -riffs oder Hochgebirgslandschaften führen oft zu nicht wieder gutzumachenden Schäden.

Durch Tourismusanlagen kommt es darüber hinaus zur Übernutzung der begrenzten Ressourcen wie Land, Brennholz oder Süßwasser. Deren Übernutzung verschlechtert deshalb meist unmittelbar die Lebensqualität der ortsansässigen Bevölkerung. Bereits bestehende grundlegende Nutzungskonflikte werden durch touristische Projekte noch verschärft.

Die wichtigsten Umweltschäden durch Tourismusprojekte:

▷ Zerstörung natürlicher Küstenlandschaften
▷ Zerstörung von Küstengewässern
▷ Gewässerverschmutzung
▷ Vernichtung von Flora und Fauna
▷ mangelhafte Müllbeseitigung
▷ übermäßiger Wasserverbrauch
▷ chemische Verseuchung und andere Umweltschäden

Das ist alles sehr widersprüchlich, denn bei aller Umweltzerstörung lebt die Tourismusindustrie wie kein anderer Wirtschaftszweig von einer möglichst intakten Umwelt.

Freizeit – Reisen – Tourismus
Eine Projektmappe

Kapitel 4

ÖKOLOGIE

Die Natur muss weichen (Fortsetzung)

Macht euch einzeln oder in Gruppen Gedanken zum Zitat von Bertolt Brecht. Welche Bezüge zum Tourismus bzw. zu unserer Lebensweise bestehen ganz generell? Austausch im Plenum. Formuliert in einem zweiten Schritt Gegenstrategien.

„Und sie sägten an den Ästen
auf denen sie saßen,
und schrien sich zu ihre Erfahrungen
wie man besser sägen könne.
Und fuhren mit Krachen in die Tiefe,
und die ihnen zusahen beim Sägen
schüttelten die Köpfe
und sägten kräftig weiter"

(Bertolt Brecht)

Freizeit – Reisen – Tourismus
Eine Projektmappe

Kapitel 4

ÖKOLOGIE

Unser Ferienort ist ihr Lebensraum

Der Tourismus gehört zu den größten Wasserverschwendern überhaupt. Deshalb ist der sorgsame Umgang mit Trinkwasser ein wichtiges Kriterium für umweltfreundliches Reisen. Ein Tourist, eine Touristin braucht pro Tag im Schnitt 600 Liter Wasser (Swimmingpool und Gartenbewässerung eingeschlossen). Der enorme Verbrauch führt oft zu schlechterer Trinkwasserqualität, zu versalzten Böden und zu einem Wassermangel für die einheimische Bevölkerung und Landwirtschaft.

Die immer beliebter werdenden Golfplätze am Urlaubsort verschlingen Unmengen an Land und Wasser. Ein 18-Loch-Platz braucht 50–100 Hektar Land und benötigt täglich rund 3 Millionen Liter Wasser. Infolge des übermäßigen Einsatzes von Dünger und Pestiziden für die Golfanlagen wird das Grundwasser und schließlich auch das Trinkwasser verschmutzt. Oftmals müssen Menschen vertrieben werden, um Platz für die großen Anlagen zu schaffen.

Ein Trekking-Tourist in Nepal verbraucht zum Kochen am Tag etwa die Holzmenge, mit der eine nepalesische Familie eine Woche auskommen muss. Aber nicht nur der Holzverbrauch, auch der zurückgelassene Müll ist ein großes Problem.

In der Dominikanischen Republik wurden für Tourismusprojekte Hunderttausende von Bäumen gefällt, darunter auch seltene Mangrovenwälder. Damit wurden gleichzeitig Brutplätze von einheimischen Vögeln und von Zugvögeln zerstört. Darüber hinaus werden für Hotels geschützte Seeschildkröten gefangen; bei Krabben und Langusten wird die gesetzlich vorgeschriebene Schonzeit nicht respektiert.

© Verlag an der Ruhr, Postfach
45422 Mülheim an der Ruhr

Freizeit – Reisen – Tourismus
Eine Projektmappe

Kapitel 4

ÖKOLOGIE

Unser Ferienort ist ihr Lebensraum (Fortsetzung)

Teilt euch in Gruppen auf und geht einen Katalog eines Reiseveranstalters kritisch durch. Versucht zwischen den Zeilen zu lesen und herauszufinden, mit welchen Ressourcen es Probleme gibt oder geben könnte. Schreibt sie heraus und diskutiert dies, wenn möglich, mit dem Veranstalter.

Versucht alle möglichen Umweltschäden durch den Tourismus, die ihr kennt oder von denen ihr wisst, aufzulisten und zu gliedern. Ordnet sie eventuell anhand einer Mind Map® nach Themen.

In den 70er-Jahren wurden die Dünen an der tunesischen Ostküste auf riesigen Flächen abgetragen. Der Dünengürtel wurde im Gebiet zwischen Sousse und El Kantaoui fast überall zerstört, oder wenigstens durch die Ausweitung des Strandes und die Anlage von Hotelgärten stark verringert. Die Hotelgärten und die traditionellen Gemüsekulturen, die sonst hinter den Dünen liegen, werden noch 50-100 Meter landeinwärts vom Wind schwer in Mitleidenschaft gezogen und bis 400 Meter landeinwärts vom Sprühwasser beeinflusst.

Planierungen von Dünen und damit die Zerstörung des natürlichen Windschutzes sind noch heute rund ums Mittelmeer üblich. Auch in Indien sind solche Eingriffe erfolgt.

Das Mittelmeer ist das größte fast umschlossene Gewässer der Erde; 15 Länder teilen sich seine Ufer, die mit 45 000 km länger als der Erdumfang sind. 95% der Uferregion sind erschlossen, und es finden sich dort über 40 Städte mit jeweils mehr als 100 000 EinwohnerInnen. Direkt an der Küste oder in unmittelbarer Nähe leben etwa 400 Millionen Menschen. Mit jährlich etwa 100 bis 150 Millionen TouristInnen ist das Mittelmeergebiet die weltweit größte Urlaubsregion. Die Meeresflora und -fauna sind seit Jahren in einem desolaten Zustand. Ursache hierfür sind in erster Linie die direkt ins Meer oder dessen Zuflüsse geleiteten ungeklärten Abwässer. TouristInnen tragen wesentlich zur Meeresverschmutzung bei: Viele Mittelmeerstädte verfügen lediglich über kleine Kläranlagen, deren Kapazität bereits für die am Ort lebenden Menschen zu gering ist. Kommen in der Saison die Reisenden hinzu (im spanischen Lloret de Mar z.B. sind das in der Saison bis zu 10-mal mehr TouristInnen als EinwohnerInnen), so ist neben der gesamten Infrastruktur natürlich auch die Entsorgung der Abwässer überlastet. Darüber hinaus gelangt der Haus- und Industriemüll in der Regel auf ungeordnete Deponien und danach oder auch gleich in das Meer.

(Michael Has: Tourismus am Mittelmeer, in: Der neue Tourismus, 1990)

Freizeit – Reisen – Tourismus
Eine Projektmappe

Kapitel 4

ÖKOLOGIE

Zurück zur Natur – mit Auto und Flugzeug?

Du willst in den nächsten Ferien nach Paris. Berechne die Distanz von deinem Wohnort in die französische Hauptstadt auf dem Land- und Luftweg und ermittle deinen Energieverbrauch mit der Bahn, dem Auto und dem Flugzeug.

Wie viel Transportenergie hat deine letzte Reise ungefähr gekostet? Vergleicht eure Resultate in der Klasse.

Für fast alle Reisenden steht eine intakte Natur am Ferienort zuoberst auf der Wunschliste, sei es im Skiurlaub in den Alpen oder beim Baden am Palmenstrand in der Karibik. Nur – auf dem Weg hin zu diesen „letzten Paradiesen" bleibt die Natur oft buchstäblich auf der Strecke: Über die Hälfte aller TouristInnen verreisen mit ihrem Auto in die Ferien, gut ein Fünftel benutzt das Flugzeug. Ein weiteres Fünftel fährt mit der Bahn und der Rest benutzt verschiedene andere Transportmittel. Wenn weltweit über 500 Millionen Menschen jedes Jahr Urlaub machen, kommt da einiges zusammen. Denn: Jede Reise belastet die Umwelt. Wie stark, hängt ganz entscheidend von der Distanz und dem gewählten Transportmittel ab.

Die verschiedenen Transportmittel im Energievergleich: Nicht alle sind für die Umwelt gleich belastend!

Primär-Energieverbrauch pro Person und km in Megajoule, bei einer durchschnittlichen Auslastung der einzelnen Transportmittel.
(Ein MJ entspricht 0,27 kWh).

Bahn	0,34 MJ
Auto	2,88 MJ
Schiff	0,17 MJ
Reisebus	0,35 MJ
Flugzeug (in der Luft)	1,49 MJ
Für jeden Start und jede Landung zusätzlich	343 MJ

(R. Mezzasalma: Öko-Management für Reiseveranstalter, 1994, S. 153-154)

Nicht berücksichtigt wurde in diesen Berechnungen die Energie, die benötigt wird, um den Fahrzeugpark, die Bahnhöfe, Straßen, Flugplätze usw. zu unterhalten.

Ein hoher Energieverbrauch bedeutet in den meisten Fällen auch eine hohe Umweltbelastung. Entscheidend ist aber auch, in welcher Form die Energie zur Verfügung gestellt wird. Man unterscheidet dabei zwischen erneuerbarer Energie (Wasserkraft, Sonnen- und Windenergie), fossiler Energie (Erdöl, Gas, Kohle) und nuklearer Energie.
Die meisten Transportmittel (Auto, Flugzeug, Bus) verbrauchen nicht-erneuerbare Energie und belasten bei der Verbrennung dieser fossilen Treibstoffe die Umwelt zusätzlich mit CO_2, ein Treibhausgas, das maßgeblich zur Klimaerwärmung beiträgt.

© Verlag an der Ruhr, Postfach 45422 Mülheim an der Ruhr

Freizeit – Reisen – Tourismus
Eine Projektmappe

Kapitel 4

ÖKOLOGIE

Wenn einer eine Reise tut ...
... verbraucht er Energie!

Wähle aus der Reisetabelle drei Beispiele aus. Berechne, wie viel Reiseenergie eine Person insgesamt für ihre Ferien verbraucht.

Berechne beim Beispiel des Skiurlaubs in den USA den gesamten Reiseenergieverbrauch. Stelle mit Hilfe der zweiten Tabelle drei Beispiele auf, was und wie lange man mit dieser Energiemenge betreiben könnte.

Erstelle eine Liste mit Kriterien, die den Energieverbrauch bei einer Reise maßgeblich positiv oder negativ beeinflussen.

Transport-Energiebilanz ausgewählter Reisen ab Zürich

Reiseziel/Dauer	Primär-Energieverbrauch in MJ pro Gast und Ferientag
Wien/Burgenland mit Bahn und Fahrrad, eine Woche	80
Costa Dorada, Spanien, mit Bahn, eine Woche	115
Costa Dorada, Spanien, mit Bus, eine Woche	118
Costa Dorada, Spanien, Flug und Bustransfer, eine Woche	416
Costa Dorada, Spanien, im Auto mit zwei Personen, eine Woche	486
Ägypten mit Nilfahrt, Flug, Bus und Schiff, fünfzehn Tage	773
USA „Bonanza"-Rundreise, Flüge und Bus, fünfzehn Tage	2015
Skiurlaub in USA, Flüge und Bus, eine Woche	3579

(R. Mezzasalma: Öko-Management für Reiseveranstalter, 1994, S. 50)

Vergleichszahlen

Pro Tag verbraucht ein:	MJ
Farbfernseher	0,74
Kühlschrank (200l)	1,50
Elektroherd (4 Personen Haushalt)	9,86
Auto (7l/100 km, 15 000 km pro Jahr)	109,60
Heizung einer 4-Zimmer-Wohnung	139,75

(SSR-Reisen: Reisen und Umwelt 3/1996)

Freizeit – Reisen – Tourismus
Eine Projektmappe

Kapitel 4

ÖKOLOGIE

Fliegen wird immer billiger ...

Warum ist Fliegen so billig?

600 Franken, das sind 741 DM, kostet das Flugticket Zürich-Teneriffa retour, und in der Nachsaison locken die Reisebüros mit billigen Pauschalangeboten. Fast alle Feriengäste erreichen und verlassen Teneriffa per Flugzeug. Das spart Zeit, braucht aber auch ziemlich viel Treibstoff: Rund 500 Liter Kerosin werden pro Passagier verbrannt.
Trotzdem ist Fliegen relativ billig. Das ist nur möglich, weil Kerosin im Unterschied zu Benzin steuerfrei ist. Ein Liter Benzin kostet in der Schweiz rund 1,20 Franken, ein Liter Kerosin 25 Rappen. In Deutschland sieht es ähnlich aus: 1 Liter Benzin kostet ca. 1,65 DM, die gleiche Menge Kerosin nur 65 Pfennig. Würden beide Treibstoffe gleich besteuert, wäre Flugreisen etwa 20 bis 30% teurer. Zudem herrscht im Luftverkehr ein gnadenloser Konkurrenzkampf der verschiedenen Fluggesellschaften.
(vdf Hochschulverlag AG: Trafic Box, 1997)

Flugreisen werden immer günstiger, Städtereisen in ganz Europa gehören schon fast zum Wochenendvergnügen, zwei Wochen USA in den Sommerferien oder ein Abstecher über Weihnachten in die Karibik ist auch für Familien mit mittlerem Einkommen erschwinglich geworden. Was früher nur den reicheren Gesellschaftsschichten vorbehalten war, ist jetzt fast allen zugänglich. Fliegen verspricht die große Freiheit für alle, die Flucht aus dem Alltag. Der Flugverkehr soll sich nach Prognosen bis ins Jahr 2010 weiter verdoppeln. Doch die Vielfliegerei hat ihren Preis.

... den Preis zahlt die Natur ...

Das Flugzeug ist in Bezug auf seinen Energieverbrauch und die Umweltbelastung von allen Transportmitteln mit Abstand das belastendste. Flugzeuge benötigen Unmengen Kerosin, das sie in einem Höhenbereich von acht bis zwölf Kilometer verbrennen: Es entstehen Wasserdampf, Kohlendioxid, Stickoxide und Kohlenwasserstoff. Diese belastenden Schadstoffe lassen sich in den dünnen Luftschichten schlecht abbauen und tragen zum Treibhauseffekt bei. Und: Fliegen bleibt weiterhin einer Minderheit (den BewohnerInnen der industrialisierten Staaten) vorbehalten. Würden nämlich nur die ChinesInnen genauso viel fliegen wollen wie wir WesteuropäerInnen, wären sofort sämtliche Flüge für das nächste Jahrzehnt ausgebucht. Und der Ökokollaps wohl vorprogrammiert.

ICH BIN GRÜN UND RADLE IN DEN FERIEN IMMER ....

© Verlag an der Ruhr, Postfach
45422 Mülheim an der Ruhr

Freizeit – Reisen – Tourismus
Eine Projektmappe

Kapitel 4 ÖKOLOGIE

Fliegen wird immer billiger ... (Fortsetzung)

Lest in einer Vierergruppe diese Texte. Führt ein Streitgespräch zum Thema „Billige Flugreisen – Freiheit für alle oder Zerstörung der Umwelt?" Haltet eure wichtigsten Erkenntnisse fest und diskutiert sie in einem Klassengespräch.

Fliegen belastet die Umwelt. Überlegt euch, wie diese Belastung in den nächsten zehn Jahren reduziert werden kann. Schreibt eure Vorschläge auf Kärtchen und versucht sie folgendermaßen zu ordnen:
1. Was kann ich persönlich tun?
2. Was können die Fluggesellschaften tun?
3. Was kann der Staat unternehmen?
4. Was muss international geregelt werden?

... und wir alle.

Gemäß einer Studie des Europäischen Verbandes Umwelt und Verkehr beträgt der vom schweizer Flugverkehr bisher verursachte Schaden an Luftverschmutzung, Lärm und Klimabelastung mindestens eine Milliarde Franken (1,2 Milliarden DM). Laut Schätzungen des Schweizerischen Bauernverbandes bringen die hohen Ozonkonzentrationen, die auch vom Flugverkehr mitverursacht werden, den Schweizer Bauern eine Ernteertragseinbuße im Wert von jährlich 600 Millionen Franken (741 Millionen DM).
(SSR-Reisen: Reisen und Umwelt 3/1996)

Last minute

Immer mehr Ferien werden „last minute" gebucht. Die Preisreduktionen sind enorm, so kostet zum Beispiel eine Woche Thailand noch ganze 900 DM. Die Reiseveranstalter können so ihre Flüge bis auf den letzten Platz belegen. Die Gewinnmarge liegt für eine solche Reise bei einigen wenigen D-Mark, die lokalen PartnerInnen in diesen Ländern erhalten nur noch ein absolutes Minimum für ihre Dienstleistungen. Der Kunde „profitiert", die Löhne der Angestellten im Tourismusgewerbe sinken. Wegen des großen Konkurrenzdruckes können sie sich kaum gegen diese zerstörerische Tendenz zur Wehr setzen.

Freizeit – Reisen – Tourismus
Eine Projektmappe

Kapitel 4

ÖKOLOGIE

Neue Belastungen durch neue Sportarten

Teilt euch in Gruppen auf und wählt je eine Sportart. Diskutiert die möglichen Umweltbelastungen der neuen Sportarten und wie man sie mindern oder vermeiden könnte. Informiert euch bei Verbänden, Sportschulen, Reiseveranstaltern usw., welche Richtlinien und Vorsichtsmaßnahmen sie empfehlen oder vorschreiben.

Nicht nur Bade- und Erholungsreisen haben Umweltbelastungen und Ressourcenverbrauch zur Folge, sondern auch viele Reiseformen, die unter die Bezeichnung Erlebnis- und Abenteuerreisen fallen. Dabei steht oft nicht das Erleben einzigartiger Naturlandschaften im Vordergrund, sondern sportlicher Ehrgeiz. Das führt zu Rücksichtslosigkeit gegenüber der Natur und den dort lebenden Menschen.

In den letzten Jahren haben verschiedene neue Sportarten einen regelrechten Boom erlebt: Snowboard fahren, Gleitschirm fliegen, River-Rafting, Canyoning, Bungy-Jumping, Mountainbike fahren. Dazu kommt der Golfsport, wo zur Zeit sehr viel investiert wird.

▷ Flusssportarten belasten hochsensible Biotope (Flussauen, Schluchten), die bisher von Menschen „verschont" waren. 1993 beförderte der größte Anbieter der Schweiz 20 000 Personen mit dem Schlauchboot und 13 000 mit Kanus. Seit 1994 ist das gewerbsmäßige Anbieten von River-Rafting genehmigungspflichtig – auch weil sich die Unfälle gehäuft hatten.

▷ Gleitschirmfliegen kann die Fauna bedrohen: Aufgescheuchtes Wild und Vögel sind mehr Stress unterworfen. Ein einziger Pilot kann den gesamten Wildbestand einer Talflanke für einen Tag vertreiben. Tabuzonen, die nicht überflogen werden dürfen, sind hier eine Lösung. Die Zahl der Gleitschirmpiloten ist in der Schweiz zwischen 1984 und 1990 von 0 auf 19 000 angestiegen!

▷ Mountainbiker kommen den Wanderern in die Quere. Problematisch ist das Transportieren der Fahrräder mit Bergbahnen und das wiederholte Hinunterfahren, das die Vegetation und das Gelände schädigt, vor allem, wenn es massenweise geschieht. Sinnvoll sind Markierungen, die den Bikern spezielle Routen zuweisen. Der Fahrradbestand ist in der Schweiz zwischen 1980 und 1992 von 1,96 auf 3,24 Millionen angestiegen. Ein Drittel der verkauften Räder sind Mountainbikes.

(Paul Messerli: Umwelt und Tourismus, in: Werner Hadorn: Tourismus geht uns alle an, Biel, 1996)

Sport und Verkehr

Der Freizeitverkehr macht rund 50% des Personenverkehrs in der Schweiz aus. Ein Viertel davon steht mit sportlichen Aktivitäten in Zusammenhang. Am meisten Kilometer werden für Massensportarten wie Skifahren (13,6% des gesamten Sportverkehrsaufkommens), Wandern (12%), Fußball (7,4%) und Tennis (5,5%) zurückgelegt.

Eine andere Rangliste ergibt sich, wenn man das durchschnittliche Sportverkehrsaufkommen pro Sportler und Jahr betrachtet: Autorennsport (8000 km pro Jahr), Tauchen (7000 km) und Golf (5800 km).

(Jürg Stettler, Sport und Verkehr, Berner Studien zu Freizeit und Tourismus, Bern 1997)

Freizeit – Reisen – Tourismus
Eine Projektmappe

Kapitel 4 ÖKOLOGIE

Checkliste

Besprecht in der Gruppe die einzelnen Punkte der Checkliste, bis ihr sicher seid, was damit gemeint ist. Macht anschließend bei verschiedenen Reisebüros ein Interview mit der Liste und haltet fest, welche Punkte von den Veranstaltern ganz, teilweise oder gar nicht berücksichtigt werden. Erkundigt euch nach der Wichtigkeit von Ökokriterien für die Veranstalter und fragt sie, ob spezielle Angebote bestehen.

Stelle (mit Hilfe der Liste) eine eigene, für dich attraktive Reise zusammen, die ökologisch möglichst schonend ist. Präsentiere deine Reise in der Klasse.

Kriterien	erfüllt	teilweise erfüllt	nicht erfüllt	nicht zu beantworten
Transport				
Wird bei der Reise auf ein umweltfreundliches Transportmittel Wert gelegt?				
Steht die gewählte Distanz in einem sinnvollen Verhältnis zur Dauer des Aufenthaltes?				
Werden, wo möglich, die öffentlichen Verkehrsmittel benutzt?				
Ist schon die Reise wichtig oder dient sie nur dazu, um möglichst schnell ans Ziel zu kommen?				
Unterkunft				
Passt sich die Unterkunft gut ins Landschaftsbild ein?				
Ist die Unterkunft landestypisch gebaut?				
Ist die Unterkunft mit einheimischen Materialien ausgerüstet?				
Bietet die Unterkunft einen Lebensstil an, der nicht zu sehr vom landesüblichen abweicht?				
Werden lokale Getränke und Speisen serviert?				
Verzichtet die Unterkunft auf unnötigen Luxus?				
Ist ein Kontakt mit Einheimischen leicht möglich?				
Aktivitäten				
Sind die angebotenen Aktivitäten umweltverträglich?				
Sind sie wenig störend für die einheimische Bevölkerung?				
Lassen sich die Aktivitäten mit landesüblichen Mitteln durchführen?				

Freizeit – Reisen – Tourismus
Eine Projektmappe

Kapitel 5

SOZIOKULTURELLE AUSWIRKUNGEN

Einleitung

„Der Tourismus soll beitragen zur internationalen Verständigung, zum Frieden, zum Wohlstand, zur allgemeinen Achtung und Wahrung der Menschenrechte."
(Aus dem Statut der Welttourismusorganisation)

Ist der Tourismus *die* Möglichkeit, um Menschen anderer Kulturen besser verstehen zu können? In den 60er-Jahren, zu Beginn des Massentourismus, waren Reisende und Bereiste sehr optimistisch. Die TouristInnen wurden als Beobachterinnen, Botschafter und Friedensstifter angesehen, das Zeitalter der universellen Verständigung und gegenseitigen Achtung schien nicht mehr weit.

„Im Gleichschritt mit den Wachstumszahlen im Tourismus steigt bei uns zu Hause die Ausländerfeindlichkeit." Nicht wenige Fachleute, die sich mit den soziokulturellen Auswirkungen des Massentourismus beschäftigen, sind zu diesem oder ähnlichen Schlüssen gekommen. Was der Tourismus zu mehr gegenseitiger Achtung und Toleranz zu leisten vermag, liegt irgendwo zwischen diesen beiden Positionen.

Tourismus ist in erster Linie ein Wirtschaftszweig, bei dem sehr viel Geld in Umlauf gebracht wird, von dem aber nicht alle Beteiligten in gleichem Maße profitieren. Dieses Geschäft verläuft zudem nach gewissen Regeln, die eine wirkliche Begegnung oft nicht ermöglichen: Die Kürze der Reise, mangelnde Vorbereitung, schlechte Sprachkenntnisse, die Ghettoisierung am Ferienort und nicht zuletzt die bereits mitgebrachten Bilder im Kopf verhindern authentische Begegnungen. Auf der Seite der Bereisten ist es zusätzlich noch die Masse (wer kann schon jeden Tag neu einer Busladung fremder Menschen begegnen...), die ebenso stereotype Bilder über die BesucherInnen entstehen lässt.

So bleiben sich viele TouristInnen und Einheimische weitgehend fremd. Sie verstehen sich – wenn überhaupt – nur am Rand, ebenso flüchtig wie oberflächlich. Wenn man sich dessen bewusst ist und die Faktoren sieht, die dazu maßgeblich beitragen, ist schon einiges gewonnen. Nämlich die Einsicht, dass im heutigen Tourismusbetrieb etwas anderes fast nicht möglich ist, und die meisten von uns eigentlich auch gar nichts anderes wollen. Oder die Einsicht, dass der Wunsch nach wirklichen Begegnungen nach anderen Formen des Reisens verlangt.

Lernziele für die SchülerInnen

▷ Tourismus ist ein spezielles „Exportprodukt", da es vor Ort konsumiert wird. Die SchülerInnen lernen, dass jede Art von Tourismus auf der soziokulturellen Ebene Spuren hinterlässt.

▷ Die SchülerInnen lernen wesentliche Faktoren erkennen, die sich im Tourismus positiv oder negativ auf Begegnungen zwischen Reisenden und Einheimischen auswirken.

▷ Die SchülerInnen entwickeln mehr Sensibilität für die unterschiedlichen Rollen von Reisenden und Bereisten.

▷ Die SchülerInnen lernen ihre eigenen Bilder und Vorurteile kennen. Sie können ihre eigenen Haltungen und Erwartungen gegenüber Fremden klären und so bewusster damit umgehen.

© Verlag an der Ruhr, Postfach
45422 Mülheim an der Ruhr

Freizeit – Reisen – Tourismus
Eine Projektmappe

Kapitel 5

SOZIOKULTURELLE
AUSWIRKUNGEN

Wähle eines der drei Bilder aus und lasse es auf dich wirken. Versuche, dich in die abgebildete Situation hineinzudenken. Was mag sich wohl in den Köpfen der Einheimischen und der Touristen abspielen? Was empfinden sie? Gibt es Gefühle, die verletzt werden? Welche?

Sonnenanbeterin, Togo
(Michael Friedel)

Tempelbesucher, Thailand
(Chayant Pholpoke)

Wähle eine der Personen auf dem Bild aus. Versetze dich in ihre Rolle und formuliere in ein paar Sätzen, was du gerade denkst und empfindest.

Bildet in der Klasse verschiedene Gruppen. Stellt eine der Szenen nach. Beginnt mit der Ausgangssituation, so wie sie auf dem Bild zu sehen ist. Entwickelt die Geschichte weiter und spielt sie der Klasse vor.

Riten und Tänze der Schwarzen für Passanten und Touristen (Hans Braam/laif)

Freizeit – Reisen – Tourismus
Eine Projektmappe

Kapitel 5

SOZIOKULTURELLE AUSWIRKUNGEN

Zusammenprall verschiedener Welten

Welche wirtschaftlichen, kulturellen, gesellschaftlichen, religiösen und psychologischen Hintergründe könnten zu dieser Aussage geführt haben?

„Die Touristen sind die gefährlichsten Feinde, weil man sie braucht. Man kann sie aus verschiedenen Gründen nicht einfach erschlagen, wie man früher Feinde erschlug. Aber man kann schweigen."
(Aussage eines Einheimischen auf Kreta)

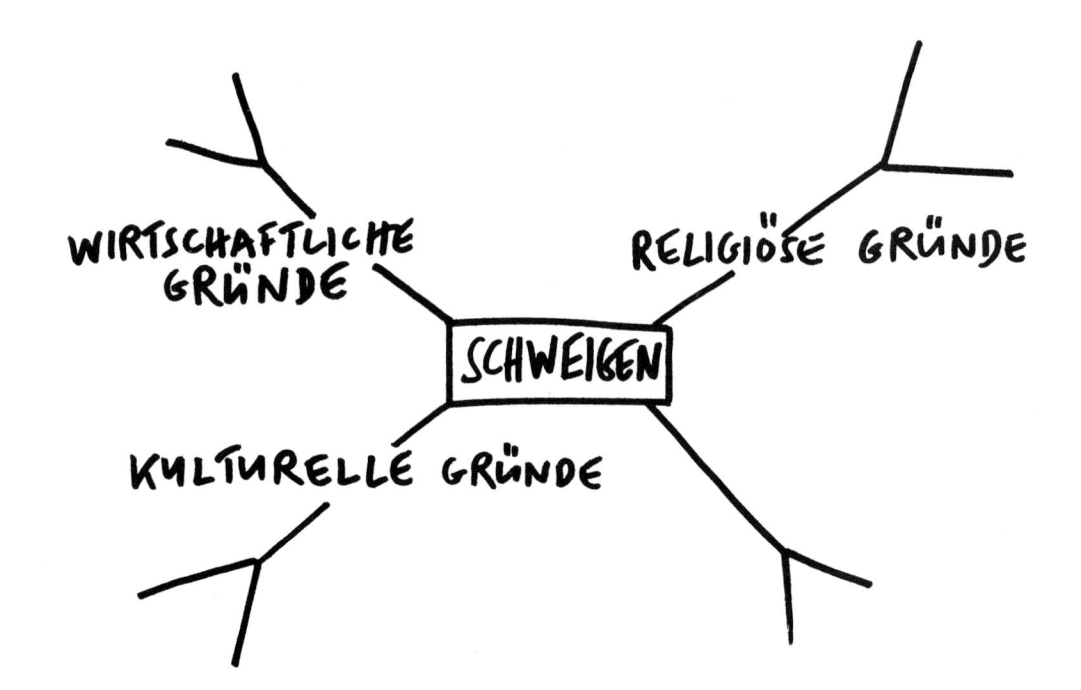

Bildet Dreier-Gruppen und erweitert die Mind Map® auf dieser Seite.

WIRTSCHAFTLICHE GRÜNDE — RELIGIÖSE GRÜNDE — SCHWEIGEN — KULTURELLE GRÜNDE

Kapitel 5

SOZIOKULTURELLE AUSWIRKUNGEN

TouristInnen sind immer die anderen –

Der ideale Tourist, die ideale Touristin

Der lächerliche Tourist, der schon von seinem Äußeren her auffällt, mit seiner Kamera, die ihm als weltweites Erkennungszeichen vor dem Bauch baumelt. Mit seiner komischen Freizeitbekleidung. Weißhäutig, fettleibig oder halbnackt.

Die einfältige Touristin, reiseunerfahren, ohne Sprachkenntnisse, die sich nirgendwo auskennt, dumme Fragen stellt und sich leicht übers Ohr hauen lässt.

Der organisierte Tourist, der unselbstständig ist, ohne Reisegruppe und Reiseleiter verloren wäre und der sich wie ein Herdentier nur unter seinesgleichen wohl fühlt.

Die hässliche Touristin, die sich so aufführt, als gehöre die Welt ihr allein und alles macht, was ihr zu Hause verboten ist.

Der kulturlose Tourist, der während seiner ganzen Ferien faul am Strand liegt, sich keinen Deut um das besuchte Land und seine Leute interessiert und wie zu Hause fernsieht, Karten spielt und Wiener Schnitzel isst.

Die reiche Touristin, die sich alles leisten kann und auch kaufen will, die ihren Wohlstand zur Schau stellt und sich wie eine Königin bedienen lässt.

Der ausbeuterische Tourist, der sich auf Kosten fremder Menschen und Kulturen erholt und von der Armut anderer profitiert.

Die umweltverschmutzende Touristin, die die alles überrollende Blechlawine produziert, mit Abgasen die Luft verpestet, über Felder und Wiesen trampelt, Flüsse, Seen und Meere verschmutzt und die Landschaft verschandelt.

Der alternative Tourist, der sich von den anderen Touristen absetzt, in die hintersten unberührten Winkel der besuchten Gebiete vordringt und so dem Massentourismus den Weg bereitet.

(nach J. Krippendorf:
Die Ferienmenschen, 1984, S. 94–95)

Einverstanden, die aufgelisteten Touristentypen sind überzeichnet. Aber etwas Wahres ist doch daran. Entwickle nun ein Idealprofil eines Touristen, einer Touristin. Wie müsste sie oder er sich verhalten, welche Eigenschaften müsste er haben, um deiner Meinung nach ein idealer Tourist zu sein?

Veranstaltet ein Rollenspiel: Eine kleine Reisegruppe organisiert nach einer gemeinsamen Rundreise (z.B. nach Kenia oder Ägypten) einen Diaabend und tauscht dabei nochmals Ferienerlebnisse aus. Besetzt möglichst unterschiedliche Touristenrollen, auch den „idealen Touristen". Spielt dann den Diaabend dem Rest der Klasse vor. Die Zuschauenden versuchen herauszufinden, wer welche Rolle übernommen hat.

Freizeit – Reisen – Tourismus
Eine Projektmappe

Kapitel 5

SOZIOKULTURELLE AUSWIRKUNGEN

Alle wollen fremde Kulturen kennen lernen – wirklich?

Im Reisebüro: Der Mann/die Frau kommt mit einer dieser beiden Beschwerden nach den Ferien ins Reisebüro. Wie verläuft das Gespräch mit dem Reiseberater, der Reiseberaterin? Spielt zu zweit die Szene durch.

„Ich bin jederzeit bereit, auf einer Fernreise gewisse andere Sitten zu akzeptieren, nicht aber so unhygienische Zumutungen Ihrer Reiseleiterin wie auf dieser Reise. Es mag noch angehen, dass man in Tempeln und sogenannt Heiligen Schreinen in Socken herumlaufen muss, die man schliesslich wechseln oder wegwerfen kann. Völlig unzumutbar ist, dass allein an vier Orten der Zutritt nur barfuss erlaubt wurde. Ich musste aus den erwähnten Gründen auf vier nicht unwesentliche Bestandteile der Reise verzichten, was den Reisegenuss sehr minderte."

„Leider war der an drei Abenden vorgesehene Besuch zum Abendessen in landestypischen Fischerkneipen und Tavernen, von denen wir uns auch einmal einen Kontakt mit der einheimischen Bevölkerung versprochen hatten, nichts als ein billiger Werbegag. Das bisschen ausgestopfter Fische und Fischernetze an den Wänden macht doch noch nichts Landestypisches, wenn das Lokal bis auf den letzten Stuhl mit Touristen aus aller Welt, nur nicht mit Einheimischen voll belegt ist, und das offensichtlich auch noch nach Zeitplan, weil schon bald der nächste Bus landestypisch versorgt werden muss ..."

(Egon Scholz (Hrsg.): ... und fordere mein Geld zurück, Frankfurt a. M. 1986, S. 60, S. 64)

Freizeit – Reisen – Tourismus
Eine Projektmappe

Kapitel 5

SOZIOKULTURELLE AUSWIRKUNGEN

Sextourismus

Du bearbeitest als Angestellte/r in der Botschaft in Bangkok diesen Brief. Was schreibst du dem Absender zurück?

Brief eines Bundesbürgers an die Deutsche Botschaft in Bangkok

An die deutsche Botschaft in Bangkok

Für meinen Aufenthalt in Bangkok möchte ich gerne ein Thai-Mädchen engagieren. Um aber nicht mit Tripper oder Syphilis nach Deutschland zurückzukehren, möchte ich sie gerne dort von einem Hautarzt oder einer Klinik untersuchen lassen. Ich wäre Ihnen sehr dankbar, wenn Sie mir die Adresse eines garantiert einwandfreien Arztes oder einer Klinik mitteilen würden. Evtl. auch die ca. Kosten einer Untersuchung. Oder gibt es in Bangkok eine Stelle, die garantiert gesunde Mädchen vermittelt? Für Ihre Bemühungen danke ich Ihnen schon jetzt recht herzlich.

Mit freundlichen Grüßen

(R. Wilke-Launer, E. Launer: Zum Beispiel Sextourismus, Göttingen 1988, S. 7)

Fünf Millionen Touristen haben 1991 Thailand besucht. 70% der Männer gaben in einer Umfrage an, zumindest „auch wegen der Liebe" gekommen zu sein. Für Kenia, Südkorea und die Philippinen schätzt das Bundesfrauenministerium, dass jeder zweite Tourist ein „Sextourist" ist. Sri Lanka galt lange Zeit als „Geheimtip" für Kinderprostitution, in Kenia geht man auf „Sex-Safari", die Karibik lockt mit dem Spruch „Sex hat keine Kalorien", in Brasilien prostituieren sich 4,5 Millionen Kinder. Von den zwei Millionen Prostituierten in Thailand sind 40% jünger als sechzehn Jahre, und der Anteil steigt beständig, da viele Kunden aus Angst vor Aids möglichst junge Frauen wünschen. Drei Viertel der jungen Mädchen kommen aus armen, ländlichen Verhältnissen (oft werden sie ihren Eltern unter dem fadenscheinigen Versprechen einer Ausbildung in der Stadt abgekauft). Viele unterstützen mit dem wenigen Geld, dass ihnen übrig bleibt, ihre Familien zu Hause.

Freizeit – Reisen – Tourismus
Eine Projektmappe

Kapitel 5

SOZIOKULTURELLE AUSWIRKUNGEN

Bilder über „die Anderen" – oder alles einmal umgekehrt

Sucht euch in einer Bibliothek einen aktuellen Reiseführer über die Schweiz oder Deutschland. Lest nach, wie die Menschen vorgestellt werden. Was fällt euch auf, wo seid ihr mit den Beschreibungen einverstanden, wo nicht? Diskutiert in der Gruppe das Bild von deinem Land, das in diesem Buch wiedergegeben wird.

Entwerft in der Gruppe einen Werbeprospekt für eure Stadt oder Region. Besprecht zusammen, an wen sich der Prospekt richten soll und überlegt euch, was Reisende bei euch kennen lernen sollten, wie viel Zeit dafür nötig ist und welche Möglichkeiten bestehen, um mit den Einheimischen in Kontakt zu kommen.

Plant eine Gruppenführung durch euer Dorf bzw. eure Stadt. Jede Gruppe veranstaltet eine Führung für die anderen Gruppen. Vergleicht die Gemeinsamkeiten und Unterschiede der verschiedenen Touren.

© Verlag an der Ruhr, Postfach
45422 Mülheim an der Ruhr

Freizeit – Reisen – Tourismus
Eine Projektmappe

Kapitel 5

SOZIOKULTURELLE AUSWIRKUNGEN

Fremdes im Alltag

Überlegt euch, was mittlerweile alles in unsere Kultur integriert wurde, das ursprünglich gar nicht von hier ist. Macht eine Liste und beleuchtet verschiedene Bereiche wie Musik, Essen, Trinken, Kleider, Architektur, Alltagsgegenstände, kulturelle Güter, Weltanschauung ...

Wieso ist das Fremde in der Fremde so viel exotischer als in der eigenen Umgebung? Oft werden im Alltag Fremde abgewehrt, auf Reisen jedoch sind sie anziehend. Womit mag das zusammenhängen (z.B. TürkInnen bei uns/in der Türkei)?

Sicher gibt es fremdsprachige SchülerInnen in eurer Klasse oder Menschen aus anderen Kulturkreisen in eurer Nachbarschaft. Führt mit ihnen ein Gespräch und versucht herauszufinden, was für sie anders, schwieriger, einfacher ist als in ihrer Heimat und was ihnen hier fehlt.

„Kultur im weitesten Sinne ist das, was dich zum Fremden macht, wenn du von daheim fort bist. Sie umfasst alle jene Überzeugungen und Erwartungen, wie Menschen zu sprechen und sich zu verhalten haben. Diese sind als Resultat sozialen Lernens eine Art zweite Natur für dich geworden. Wenn du mit Mitgliedern einer Gruppe zusammen bist, die deine Kultur teilen, musst du nicht darüber nachdenken, denn ihr alle seht die Welt in der gleichen Weise, und ihr alle wisst, im Großen und Ganzen, was ihr voneinander zu erwarten habt. Jedoch, einer fremden Gesellschaft direkt ausgesetzt zu sein, verursacht im allgemeinen ein störendes Gefühl der Desorientierung und Hilflosigkeit, das ‚Kulturschock' genannt wird."
(Philip Bock (ed.): Culture shock, 1970, p IX, zitiert in M. Zimmermann: Interkulturelles Lernen als Erfahrung des Fremden, 1986)

„Nichts ist in der Fremde exotischer als der Fremde selbst."
(Ernst Bloch)

Kapitel 5

SOZIOKULTURELLE
AUSWIRKUNGEN

Die heilsame Erfahrung des Charles Dickens

Eine Gruppe spielt die Szene von Charles Dickens nach. Diskutiert anschließend den Text und das Rollenspiel. Wie hätte der Konflikt anders gelöst werden können? Wer hätte anders reagieren sollen, können, müssen, und wie? Sucht verschiedene Möglichkeiten, wie sich die Geschichte auch hätte abwickeln können und spielt diese ebenfalls.

Charles Dickens (1812–1879) machte in der Mitte des 19. Jahrhunderts auf seiner ersten italienischen Reise eine heilsame Erfahrung. Vor Antritt der Reise hatte man ihn wiederholt davor gewarnt, dass es in Rom zahlreiche Diebe gäbe und er bei jedem Italiener die Taschen zuhalten müsse. Als nun Dickens abends bei Mondlicht das römische Colosseum durchwanderte und in Gedanken vertieft im Schatten einer Säule stand, wurde er plötzlich von einem Mann angestoßen, der – in einen schwarzen Mantel gehüllt – dicht an ihm vorbeiging. Blitzartig fielen Dickens die vielen Mahnungen ein. Und in der Tat: Als er in seine Westentasche griff, war seine Uhr weg ... Dickens reagierte schnell, lief dem schwarzen Mann nach, packte ihn und schrie ihn an: „Orologio! Orologio!", was für Nichtitaliener „Uhr" bedeutet. Der schwarze Mann war offensichtlich durch die Energie des Dichters beeindruckt, fühlte sich erkannt, gab ihm eilig die Uhr und lief davon.

Als Dickens hochzufrieden mit der Uhr in der Westentasche in sein Hotel zurückkam, fand er zu seinem größten Erschrecken seine eigene Uhr auf dem Nachttisch wieder. Er hatte also seine Uhr im Hotelzimmer vergessen, andererseits nun zusätzlich die Uhr eines Fremden in der Tasche. Am nächsten Morgen ging er gleich zur Polizei. Dort traf er zu seiner Überraschung den Mann im schwarzen Mantel, den er nachts für einen Dieb gehalten hatte und der nun ebenfalls gekommen war, um den Diebstahl anzuzeigen. Der schwarze Mann war Engländer und hatte seinerseits Charles Dickens für einen italienischen Banditen gehalten.

(Europäische Tourismusanalyse, S. 216)

Freizeit – Reisen – Tourismus
Eine Projektmappe

Kapitel 5

SOZIOKULTURELLE
AUSWIRKUNGEN

Hintergründe von Vorurteilen

Woher stammen eure Kenntnisse und Vorstellungen über Menschen aus anderen Ländern? Stellt eine Liste eurer Informationsquellen zusammen (Bücher, Fernsehen usw.)

Habt ihr auch schon Erfahrungen mit Vorurteilen gemacht, in der Schule, im Stadtteil?

Welche Erfahrungen machen AusländerInnen bei uns, z.B. FremdarbeiterInnen, Asylsuchende?

Wir EuropäerInnen sind uns oft nicht bewusst, oder verdrängen immer wieder die Tatsache, dass andere Gesellschaften ganz andere Wertordnungen haben als wir in unserer Kultur. Während bei uns Leistung, Strebsamkeit, Pünktlichkeit usw. besonders betont werden, stehen bei IndianerInnen, AfrikanerInnen, AsiatInnen, Inuit oder bei den Ureinwohnern Australiens Gastfreundschaft, Achtung vor den Älteren, das Befolgen religiöser Riten und der Gehorsam gegenüber den Stammesgesetzen weit über Leistung und Strebsamkeit.

Vorurteile entstehen nicht „einfach so", quasi grundlos. Sie haben ganz bestimmte Funktionen. Dass Fremdes, Unbekanntes bedrohlich wirkt, besonders auch Menschen, die anders aussehen, sich anders kleiden, anders reden, sich anders benehmen, ist bekannt. Man kann dies zum Beispiel daran beobachten, dass sich TouristInnen im Ausland besonders eifrig zusammenschließen. Da wir nicht gern als furchtsam gelten, nehmen wir Zuflucht zu Vorurteilen, um unsere Furcht zu „begründen": *Vorurteile erklären unsere Angst vor dem Fremden.*

Sie entheben uns zudem der Notwendigkeit, uns mit anderen Menschen und Kulturen, anderen, gegensätzlichen Meinungen ernsthaft auseinander zu setzen. Das gilt auch dann, wenn es darum ginge, unsere eigenen Werte, unsere eigene Gesellschaft kritisch zu hinterfragen. Mit Hilfe des Vorurteils können wir auf die Anstrengung verzichten, vielleicht unsere eigene Meinung zu ändern: *Vorurteile sind bequem.*

In Konflikten mit anderen – als Einzelner, als Interessengruppe, als Stamm, als Nation – helfen uns negative Vorurteile, eine Haltung zu rechtfertigen, die auf Kosten dieser anderen geht. Wir dürfen, ja müssen uns durchsetzen, andere beherrschen und bevormunden, weil sie unfähig, dumm, schwach, ungebildet sind: *Vorurteile rechtfertigen Vorurteile.*

Kapitel 5 — SOZIOKULTURELLE AUSWIRKUNGEN

Hintergründe von Vorurteilen (Fortsetzung)

Wenn aber die anderen ungebildet, schwach, dumm und unfähig sind, wie wir glauben, dann sind wir selber umso stärker, gescheiter, fähiger, gebildeter: *Vorurteile steigern unser eigenes Selbstwertgefühl.*

Gerade am Beispiel des weißen Rassismus, d.h. der Vorurteile der Europäer gegenüber Angehörigen anderer Rassen, kann man die Funktionen des Vorurteils deutlich erkennen. Die Europäer haben früh gemerkt, dass ihnen der Kontakt mit Afrikanern, Indianern und Asiaten große Vorteile brachte.
Aufgrund ihrer technischen Überlegenheit hielten sie sich den anderen Völkern gegenüber für zivilisierter, kulturell höher stehend. Die Werte anderer Kulturen, die sich zum Teil auf ganz anderen Gebieten als dem der Technik entwickelt hatten, waren den Europäern nicht zugänglich, oder sie missachteten sie bewusst. Indianer, Inuit, Afrikaner, Aborigines wurden zu Menschen zweiter Klasse erklärt. Sie galten als unwissend, träge, hinterhältig, grausam, heidnisch, widerspenstig. Diese Vorurteile rechtfertigten dann die Versklavung, die Unterwerfung und beispiellose Ausbeutung der „Kolonialvölker".
(Regula Renschler, Gaby Vermot: Unser täglicher Rassismus, o. J.)

Kapitel 5

SOZIOKULTURELLE AUSWIRKUNGEN

Süßsaure Touristenfreuden

Der malaysische Autor Cecil Rajendra beschreibt in dem Gedicht eine typische Situation aus einem Unterhaltungsprogramm einer Fernreise.
Was lernen die TouristInnen bei Begegnungssituationen dieser Art von der einheimischen Kultur kennen? Wie nehmen die Einheimischen ihrerseits die TouristInnen wahr?

Versucht anschließend in Gruppen eine Liste von Kriterien aufzustellen, die echte Begegnungen ermöglichen könnten. Welche Bedingungen müssen erfüllt sein, damit ein beidseitiger Austausch stattfinden kann? Vergleicht und diskutiert die Resultate der verschiedenen Gruppen.

„Muss denn jeder Tourist seine ‚echten' Einheimischen getroffen haben? Es ist doch viel besser für die Bevölkerung am Ferienort, wenn Massentouristen im Touristenghetto unter sich bleiben und so die Leute vor Ort möglichst wenig stören."
Teilt ihr diese Meinung? Schreibt eure Argumente, die für Touristenghettos sprechen, auf rote, diejenigen, die dagegen sprechen, auf grüne Karten. Ordnet die Karten und versucht in der Klasse, einen gemeinsamen Standpunkt zu finden.

Das Restaurant überließ
nichts dem Zufall,
es versprach nicht nur
die besten lokalen
Speisen und Weine,
sondern auch die „Crème"
der traditionellen
Lieder, Musik und Tänze.

Zur vereinbarten Stunde
kamen klimatisierte Busse
und Taxis an, um ihre Ladung
touristischer Tischgäste loszuwerden,
die begierig waren,
eine Kostprobe dieser kulinarischen
und kulturellen Exotik mitzunehmen.

Mitten im Dinner,
zum dumpfen Klang
der Kastagnetten und Kongas,
kamen in Scharen
Sänger und Tänzer auf die Bühne
mit einem geübten Lächeln,
das so unecht war
wie ihre Blumenkränze aus Plastik.

Sie sangen und kreischten,
wiegten ihre mit imitierten Baströcken bekleideten Hüften
und servierten ein speziell für Touristen
erfundenes Gericht.
Weder asiatisch noch polynesisch,
war es eine Schändung der Kultur,
die den Wein in unseren Gläsern
zu Essig werden ließ.

Cecil Rajendra (Malaysia)

Freizeit – Reisen – Tourismus
Eine Projektmappe

Kapitel 5

SOZIOKULTURELLE AUSWIRKUNGEN

Urlaub in der Dritten Welt – als Kunde sind Sie König!

Lies diese ironischen Tipps für Reisende, schmunzeln ist erlaubt. Aber dann wird es ernst: Schreibe zu den einzelnen Punkten jeweils deine Empfehlungen, die einem oder einer Reisenden helfen sollen, sich gut auf eine Reise vorzubereiten und sich als TouristIn im Land angemessen zu verhalten.

1. Fragen Sie nicht, warum Sie in die Dritte Welt reisen. Es steht in den Prospekten.

2. Belästigen Sie Ihren Reiseverkäufer nicht mit unnötigen Fragen. Nehmen Sie, was frei ist.

3. Fragen Sie ihn nicht, ob er Ihren Ferienort auch persönlich kennt. Sie können ihm ja auch später davon erzählen.

4. Beschränken Sie Ihren Urlaub auf Sonne, Sand und Pyramiden. Alles Übrige könnte Sie nur beunruhigen.

5. Lassen Sie sich nicht durch Armut den Urlaub vermiesen. Jeder ist selber seines Glückes Schmied.

6. Lassen Sie sich nicht durch andere Sitten und Gebräuche verunsichern. Tragen Sie ihre kurzen Hosen.

7. Fotografieren Sie hemmungslos. Schließlich ist das Ihre Kamera.

8. Bestehen Sie auf Schnitzel und Pommes frites. Chinesisch können Sie auch zu Hause essen.

9. Im Urlaub müssen Sie nicht unbedingt fremde Menschen kennen lernen. Die sprechen sowieso kaum Deutsch.

10. Vergewissern Sie sich, dass Ihr Hotel unter deutscher oder schweizer Leitung steht. Dann können Sie sich wie zu Hause fühlen.

11. Fragen Sie nicht nach der Qualität der Reiseleitung. Lassen Sie sich überraschen.

12. Und war der Katalog schöner als Ihre Ferien, nehmen Sie es auf die leichte Schulter. Andere haben ihn auch gelesen.

Schöne Ferien.

(TEN, Arbeitskreis Tourismus und Entwicklung, Basel u. a.)

Freizeit – Reisen – Tourismus
Eine Projektmappe

Kapitel 5

SOZIOKULTURELLE AUSWIRKUNGEN

„Freundschaft suchen doch die meisten Menschen."

Du fliegst in deinen nächsten Ferien nach Antigua in die Karibik. Schreibe Erwin Harris einen Brief. Sage ihm, was du von seinem Aufsatz hältst und schildere ihm, wie du deine Ferien verbringen möchtest.

„Mit euch Touristen zu kommunizieren ist eine Sache für sich. Sobald ihr auf unserer Insel angekommen seid, bleibt ihr unter euresgleichen und versucht nicht, euch mit uns zu verständigen. Verständigung ist vielleicht zu viel gesagt. Doch nur einige Worte würden genügen, um Freunde zu werden – und Freundschaft suchen doch die meisten Menschen. Um Freunde zu haben, müssen wir mit anderen Menschen reden, doch es scheint, dass ihr dazu nicht bereit seid."

(Aus einem Schüleraufsatz des 14-jährigen Erwin Harris, Antigua, Karibik, in: Jost Krippendorf, Die Ferienmenschen, S.111)

Lieber Erwin!

Freizeit – Reisen – Tourismus
Eine Projektmappe

Kapitel 6

Einleitung

Reiseveranstalter, Fluglinien und Fremdenverkehrsbüros lehnen die Verantwortung für die Menschenrechte in ihren Zielgebieten meist einhellig ab. Dies seien „politische Fragen" und der Tourismus solle sich aus der Politik raushalten. Zudem seien die Konsumentinnen und Konsumenten mündig und sollten selbst entscheiden, heißt es in der Reisebranche.

Weißer Sand, blaues Meer, felsiges Gebirge oder die Wüste? Ob Türkei, Marokko, Kenia, Sri Lanka, Indonesien oder Brasilien – jeder entscheidet selbst, wohin die Reise führt. Kein Problem: Zu jedem dieser Länder lassen sich tolle Fotos im Ferienkatalog des Reisebüros um die Ecke finden. Die Billigangebote jagen sich, Dumpingpreise sind angesagt.

Nicht verboten ist allerdings, diese Hochglanzangebote ein bisschen unter die Lupe zu nehmen. Wer jedoch relevante Informationen zum politischen und sozialen Umfeld der vorgestellten Länder sucht, sucht vergebens. Doch gerade diese Informationen sind für die „mündigen" KonsumentInnen wichtig, damit sie eine verantwortungsvolle Entscheidung treffen können. Denn oft brodelt es unter der Oberfläche gerade exotischer Ferienziele: Hier werden Leute hingerichtet, da wird gefoltert, hier werden unfaire politische Prozesse geführt, dort illegale Hinrichtungen von Sicherheitskräften getätigt ... Zustände, von denen die Reisenden in den Ferien lieber nichts wissen möchten.

Viele dieser Länder sind auf den Tourismus angewiesen, um an dringend benötigte Devisen zu kommen und mit schönen Ferienkulissen ihr angekratztes Image aufzupolieren. Auf ausländische Kritik reagieren sie deshalb empfindlich. Doch wo fangen die Menschenrechte an, und wo hören sie auf?
Wenn in Südafrika ganze Dörfer zwangsumgesiedelt werden, um Naturschutzparks für reiche TouristInnen zu errichten, ist das keine Menschenrechtsverletzung?
Wenn durch massiven Düngeeinsatz auf Golfplätzen die Bodenkapazität unwiederbringlich zerstört wird, damit wir unsere westlichen Bedürfnisse ausleben können, ist das keine Menschenrechtsverletzung?
Menschenrechtsverletzungen sind häufig nicht sichtbar, und schon gar nicht, wenn wir uns nur zwei oder drei Wochen am Ferienort aufhalten. Sie geschehen im Geheimen, noch weit entfernt von Folter, Hinrichtungen und „Verschwindenlassen". Der Tourismus ist eine sensible Branche. Politische Entwicklungen im Reisezielland, in den Entsendeländern, und in manchen Fällen auch die Weltpolitik können die Wahl der Ferienziele maßgeblich beeinflussen.

Lernziele für die SchülerInnen

▷ **Die SchülerInnen werden sich bewusst, dass es ganz unterschiedliche Gründe gibt, in ein Land zu reisen oder nicht. Sie setzen sich mit ihren eigenen politischen und ethischen Kriterien auseinander und können sie formulieren.**

▷ **Die SchülerInnen erkennen, dass der Tourismus eine Art Aushängeschild eines Landes ist und damit eine wichtige Rolle für dessen Image spielt. Sie sind fähig, Image und Wirklichkeit im Vergleich verschiedener Informationsquellen kritisch zu unterscheiden.**

Kapitel 6 **POLITIK**

Zeitungsschlagzeilen

Du planst deine nächsten Ferien. Diskutiert zu zweit, welche Schlagzeilen für euch besonders abschreckend sind und welche eure Wahl des nächsten Ferienortes kaum oder gar nicht beeinflussen.

Gibt es Länder, in die du nie reisen würdest? Begründe deine Entscheidung.

Anschläge auf TouristInnen oder auf touristische Einrichtungen sind nie zufällig. Macht zu zweit eine Liste von möglichen Motiven, warum sich in einzelnen Ländern Gewalt gegen TouristInnen richten kann.

Das Luxor-Massaker:
Feuer frei auf den Tourismus

Anschläge in Korsika:
Schüsse auf mehrere Touristen

Getrübte Badefreuden an der türkischen Riviera:
Der Terror schadet dem Massentourismus

Bombenanschlag auf der Insel Rhodos:
Mehrere Verletzte

Kenia:
Mehrere Tote und Plünderungen in Touristenort

Anschlag auf Touristen in Jerusalem

Indonesien:
Weiterhin gravierende Verletzungen der Menschenrechte durch die Regierung

Attentat in Istanbul:
Mehrere Verletzte auf Touristenmarkt

Sri Lanka:
Der Krieg gegen die „Tamil Tigers" geht weiter

Burma:
Hunderte von politischen Gefangenen im „Jahr des Tourismus"

Tibet:
Die chinesische Regierung verweigert jedes Gespräch über mehr Autonomie für das besetzte Land

Freizeit – Reisen – Tourismus
Eine Projektmappe

Kapitel 6   POLITIK

Zum Beispiel Türkei ...

Lest zu zweit einander die beiden Texte vor. Diskutiert und formuliert in wenigen Sätzen, was euch bei dieser Gegenüberstellung befremdet.

Informiert euch in Vierergruppen über die Situation der Kurden in der Türkei. Versucht sowohl die Meinung der Kurden als auch die der türkischen Behörden einzuholen. Tragt eure Informationen in einer Plenumsdiskussion zusammen und diskutiert das Problem der Gewalt gegen TouristInnen. Haltet in einem Gesprächsprotokoll eure wichtigsten Erkenntnisse fest.

Besucht in einer Vierergruppe ein Reisebüro, das Reisen in die Türkei anbietet. Lasst euch über eine mögliche Reise informieren. Sprecht eure Gesprächspartner auf die politische Situation im Land an. Wie beurteilen sie die aktuelle Situation? Vergleicht anschließend in der Klasse die verschiedenen Antworten. Diskutiert im Plenum, welche Gründe für und welche gegen eine solche Reise sprechen.

Kurdische Drohungen gegen Touristen

Einbußen im Fremdenverkehrsgeschäft

Das Kurdistan-Komitee der Schweiz hat am Donnerstag weitere Attentate gegen Touristen in der Türkei angekündigt. Die Tourismusindustrie sei eine der wichtigsten Devisenquellen der Türkei, mit der auch der Einsatz der türkischen Armee in Kurdistan finanziert werde. Es sei bedauerlich, dass bei den Attentaten Touristen ums Leben kämen, erklärte der Vertreter des Komitees vor der Presse. Die Kurden hätten aber vor einem Besuch der Türkei gewarnt. Es sei nicht akzeptabel, dass sich Besucher in dem einen Teil der Türkei amüsierten, während im anderen Teil Leute massakriert würden (...).
(NZZ vom 19.8.1994)

Antalya

Die türkische Riviera

Antalya ... Wo sonst könnte das Paradies sein, wenn nicht hier, wo die reiche Natur noch so ursprünglich ist wie am ersten Schöpfungstag? Dieses Ferienparadies, in dem an 300 Tagen im Jahr die Sonne scheint, bietet Ihnen für die schönsten Tage im Jahr so viele Möglichkeiten: Sonnenbaden an den schönen Stränden, Schwimmen und Tauchen im reinen Meer, Windsurfing, Wasserski und Segeln, Bergsteigen, Jagen und Höhlenforschung ...
Die Feriendörfer, Hotels, Motels, Pensionen und Campinganlagen bieten von der Touristenklasse bis zur Luxusklasse ein weites und interessantes Angebot. Die gastfreundliche Bevölkerung freut sich auf Ihren Besuch!
(Broschüre des Ministeriums für Tourismus der Türkischen Republik)

Freizeit – Reisen – Tourismus
Eine Projektmappe

© Verlag an der Ruhr, Postfach 45422 Mülheim an der Ruhr

Kapitel 6

POLITIK

Nichts gesehen, nichts gehört ... Tourismus und Menschenrechte

„Der Tourismus soll beitragen zur internationalen Verständigung, zum Frieden, zum Wohlstand, zur allgemeinen Achtung und Wahrung der Menschenrechte."
(Aus dem Statut der Welttourismusorganisation)

Die Diskussion um Länder, deren Regierungen die Menschenrechte verletzen, ist nicht neu. Die Tourismusunternehmen erklären sich als nicht zuständig für Menschenrechtsfragen. Die gelegentlich geäußerte Forderung nach einem Tourismusboykott gegenüber einzelnen Ländern verhallen ungehört im Reisestrom. Meist werden Diskussionen um einen Boykott mit dem Einwand erstickt, die Menschenrechte würden fast in jedem Land verletzt. So reisen alle, wohin das Gewissen sie trägt. Kritische Anmerkungen zum Zusammenhang von Tourismus und Menschenrechten werden als Bedrohung oder Provokation empfunden. So scheinen zwei Menschenrechte in Widerspruch zueinander zu geraten: Das Recht auf Reisen und das Recht auf Heimat und selbstbestimmte Entwicklung.
(M. Maurer, H. Adamaschek: Nichts gesehen, nichts gehört, in: blätter des iz3w, Nr. 179, 1992)

Beschafft euch die allgemeine Erklärunge der Menschenrechte der Vereinten Nationen (Unicef, amnesty international). Schreibt auf ein Plakat diejenigen Menschenrechte heraus, die in „eurem Ferienland" für euch unbedingt erfüllt sein müssen, damit es für euch als Ferienziel in Frage kommt.

Macht in einem Reisebüro ein Interview zum Thema „Tourismus und Menschenrechte". Stellt euch vorher einen Fragenkatalog zusammen, z.B.: gibt es Kriterien, die eingehalten werden, welche Position hat der Reiseveranstalter, gibt es Länder, die er nicht anbietet, aus welchen Gründen usw.?

Freizeit – Reisen – Tourismus
Eine Projektmappe

Boykott!?

Burma: ## Ferien zum Preis der Sklaverei?

„Visit Myanmar Year 1996"

Wissen Sie, wo Myanmar liegt?

Myanmar ist der Name, den die Militärregierung Burma gegen den Willen der Bevölkerung gegeben hat. Burma liegt in Südostasien und grenzt an Indien, China und Thailand.

Haben Sie schon von Burmas eindrücklicher Landschaft gehört, Bilder von den wunderbaren Goldenen Pagoden gesehen – und überlegen Sie sich vielleicht sogar, eine Reise nach Burma zu machen?

Dann sollten Sie unbedingt über Burmas Schattenseiten Bescheid wissen!

1988 putschte sich das Militär unter dem Namen „Staatsrat zur Wiederherstellung von Gesetz und Ordnung" (SLORC) an die Macht und ging äußerst brutal gegen die aufkeimende Demokratiebewegung vor. Wegen massiver Menschenrechtsverletzungen wurde das burmesische Militärregime wiederholt von Menschenrechtsorganisationen und der UNO auf das Schärfste verurteilt. Nun setzen die SLORC-Generäle auf Tourismus und hoffen, damit ihr international ramponiertes Image wieder aufzupolieren und die wegen des Krieges gegen die eigene Bevölkerung leeren Staatskassen mit Tourismus-Dollars zu füllen. Dazu haben sie 1996 zum Tourismusjahr „Visit Myanmar Year 1996" erkoren.

Kapitel 6

POLITIK

Boykott!? (Fortsetzung)

Der Preis:

Tausende von Bauern, Mönchen, Kindern, schwangeren Frauen, Greisen, Strafgefangenen werden im ganzen Land zu Zwangsarbeit verpflichtet, um Straßen, Eisenbahnlinien, Flughäfen auszubauen und touristische Sehenswürdigkeiten in Stand zu stellen. Historische Quartiere werden niedergewalzt und unzählige Familien oft ohne Entschädigung aus ihren Häusern vertrieben, um neuen Geschäftsvierteln und Hotelanlagen Platz zu machen. Bei Verweigerung drohen Geld-, Haft- oder Prügelstrafen. Die Bevölkerung Burmas bezahlt die Tourismusförderung mit dem Preis der Entbehrungen, der Unterdrückung, der Vertreibungen und der Sklavenarbeit.

Deshalb fordert die demokratische Bewegung des Landes: Besuchen Sie Burma erst, wenn die Menschen dort in Freiheit leben können.

Unterstützen Sie diesen Aufruf! Leiten Sie ihn weiter. Informieren Sie sich über die Ereignisse in Burma. So unterstützen Sie die demokratischen Kräfte Burmas, auf die Befreiung ihres Landes hinzuarbeiten!

Diesen Aufruf unterzeichnen: Association Suisse Birmanie, Swissaid, Gesellschaft für bedrohte Völker, Fraueninformationszentrum Dritte Welt, Arbeitskreis Tourismus und Entwicklung, Arbeitsgemeinschaft gegen Kinderprostitution, Brot für Alle

Aung San Suu Kyi, Friedensnobelpreisträgerin und Leaderin der demokratischen Bewegung Burmas:
„Es ist zu früh, sich auf Burma zu stürzen. Investoren sollten warten, bis ein echter Prozess zur Versöhnung und Demokratisierung sichtbar wird."

Schreibt an die burmesische Botschaft: Fragt nach der Situation in ihrem Land und erkundigt euch nach ihrer Meinung zum Boykottaufruf. Versucht euch anschließend selbst eine Meinung zu dieser Frage zu bilden.

Freizeit – Reisen – Tourismus
Eine Projektmappe

Kapitel 6

POLITIK

Wenn das große Geld lockt, bleiben die Menschenrechte auf der Strecke

Immobilienspekulanten contra Fischerdorf

K.H. Rio de Janeiro, 26. Mai

Das nordostbrasilianische Fischerdorf Prainha do Canto Verde, in dem der frühere Swissair-Mitarbeiter René Schärer ein durch schweizer Spenden finanziertes Selbsthilfeprojekt leitet, ist in der Nacht auf den Freitag von zwanzig bewaffneten Männern überfallen worden. Sie brannten die Häuser zweier Fischerfamilien nieder, zerstörten Baumaterialien und versetzten die rund 800 Bewohner in Panik. Nach Angaben Schärers wurde unter den Bewaffneten ein Angestellter des Immobilienunternehmers Henrique Jorge erkannt, der dem Selbsthilfeprojekt feindlich gegenübersteht und auf dem Gelände des Fischerdorfs trotz fehlender Genehmigungen der Umwelt- und Baubehörden illegal Villen und Ferienhäuser errichten will. Seit mehreren Jahren werden die Einwohner von Prainha do Canto Verde von Vertretern des einflussreichen Immobilienspekulanten mit Gewalt bedroht.
(NZZ, 27.5.1995, gekürzt)

Was in Prainha do Canto Verde in Brasilien geschehen ist und weiterhin geschieht, steht beispielhaft für viele Länder. Der Überfall auf das Fischerdorf zeigt, wie auf subtile Art Menschenrechte verletzt werden, ohne dass sie als solche eingeklagt werden können, ohne dass direkt Menschen gefoltert werden.

Freizeit – Reisen – Tourismus
Eine Projektmappe

Kapitel 6 — POLITIK

Wenn das große Geld lockt, bleiben die Menschenrechte auf der Strecke (Fortsetzung)

Überlegt euch, welche Gründe für oder gegen das Selbsthilfeprojekt in Prainha do Canto Verde aus der Sicht der beteiligten Parteien sprechen könnten. Schreibt in Gruppen die Argumente jeweils einer Partei auf. Übt dazu eventuell ein Rollenspiel ein.

Was könnte die Bevölkerung unternehmen, um nicht einfach ihres Landes und damit ihrer Lebensgrundlagen beraubt zu werden? Entwerft in Vierergruppen eine Strategie, wie sich die BewohnerInnen von Prainha do Canto Verde wehren könnten. Stellt einander die Ideen vor.

„Grillagem" heißt das illegale Verfahren im brasilianischen Volksmund: Der Strohmann einer Immobilienfirma kauft unter Vorspiegelung falscher Tatsachen zwei oder drei kleine Grundstücke in einiger Entfernung vom Strand, um dann, mit Hilfe von Bestechungsgeldern, auf dem Grundbuchamt ein viel größeres, bis ans Meer grenzendes Gebiet registrieren zu lassen. Dabei ist es gleichgültig, ob Familien seit Generationen auf eben diesem Land leben. Schließlich verkauft der Strohmann das gesamte Gelände an die Immobilienfirma, die nun „legal" mit dem Bau von Hotels und Ferienwohnungen beginnen kann. Auf diese Weise operieren skrupellose Unternehmer mit Wissen von Behörden und unter Beihilfe korrupter Beamter entlang der gesamten brasilianischen Küste.

In den meisten Fällen ist die lokale Bevölkerung weder organisiert noch über ihre Rechte informiert, sodass sie sich selten oder erst zu spät zur Wehr setzen kann. Kommt es dennoch zum Widerstand, versucht die Immobilienfirma, die Bevölkerung mit Versprechungen, Schmiergeldern, Drohungen und Gewalt zu spalten. Im Falle des Fischerdorfes Prainha do Canto Verde gelang dies bisher nicht. Im Gegenteil: 1997 erhielt das Selbsthilfeprojekt im Rahmen der staatlichen Tourismusförderung finanzielle Unterstützung für die Entwicklung eines dauerhaften Tourismus.

Kapitel 7

ANDERS REISEN

Einleitung

Dass die Reiseindustrie in zunehmendem Maße ihre eigenen Grundlagen zerstört, setzt sich als Erkenntnis langsam in weiten Kreisen durch, sowohl auf Seiten der Anbieter als auch auf derjenigen der KundInnen. Das Ferienmotto „immer weiter, immer öfter und immer billiger" wird zunehmend problematisch und kann die Sehnsucht nach „authentischen Erlebnissen" im Urlaub längst nicht mehr erfüllen. Alternativen sind gefragt! Nach einer Umfrage wären über die Hälfte der Bundesbürger in Deutschland bereit, etwas mehr für ihre Reise auszugeben, wenn sie dafür umwelt- und sozialverträglicher wäre. Auch in der Schweiz hat eine aktuelle Untersuchung zum erstaunlichen Resultat geführt, dass fast die Hälfte der Reisenden bereit sind, für ökologische Verbesserungen im Tourismus einen Aufpreis von bis zu 30 Prozent zu bezahlen.

Dass das Reisen in den letzten Jahren massiv billiger geworden ist, hat gerade für die Entwicklungsländer verheerende Auswirkungen: Die sozialen und ökologischen Auswirkungen werden immer gravierender, die Folgekosten sind zunehmend weniger gedeckt. Kostenwahrheit würde auch hier bedeuten, dass die Preise steigen. Erst damit könnte eine umwelt- und sozialverträglichere Nutzung der touristischen Ressourcen ermöglicht werden.

Solange Tourismus ein Massenphänomen bleibt, werden alternative Angebote ein Nischendasein fristen, da sie – zahlreich durchgeführt – selbst wieder zum Problem würden. Sanfter Tourismus kann Massentourismus nicht ersetzen. Aber er kann für interessierte Menschen neue Möglichkeiten der Urlaubsgestaltung eröffnen. Und ein vermehrtes Nachfragen nach solchen Angeboten könnte die Veranstalter ermuntern, ihre Reisen vermehrt nach den Kriterien des „sanften Reisens" zu gestalten. Oder wenigstens jede Reise nach Kriterien von Umwelt- und Sozialverträglichkeit zu deklarieren, damit der Kunde oder die Kundin weiss, was er oder sie einkauft.

Es gibt Angebote, gerade für Jugendliche, die eine echte Alternative zu zwei Wochen Strandferien auf Mallorca anbieten. Einige davon werden in diesem Kapitel vorgestellt, weiterführende Adressen ermöglichen die eigene Information. Je nach Interesse und zeitlichen Möglichkeiten der SchülerInnen können Korrespondenzaufträge und das Zusammentragen von weiteren Informationen das bestehende Material ergänzen.

Lernziele der SchülerInnen

▷ Die SchülerInnen lernen verschiedene Möglichkeiten kennen, anders zu reisen. Sie können sich die entsprechenden Informationen beschaffen und für ihre eigene Ferienplanung einsetzen.

▷ Die SchülerInnen können die wesentlichen Kriterien von sanftem und hartem Tourismus erkennen und unterscheiden.

▷ Die SchülerInnen erweitern ihre Methodenkompetenz im Bereich Korrespondenz und Informationsbeschaffung.

Freizeit – Reisen – Tourismus
Eine Projektmappe

Kapitel 7

ANDERS REISEN

Ein Land anders kennen lernen, z.B. ...

Intermundo, der Dachverband zur Förderung von Jugendaustausch, hat in der Broschüre *Jugendaustausch-Organisationen* eine Fülle von Möglichkeiten mit den Adressen und kurzen Selbstdarstellungen der jeweiligen Anbieter/Organisationen zusammengestellt:

Intermundo
Dachverband zur Förderung von Jugendaustausch
Schwarztorstraße 69
CH-3007 Bern
Tel. 031/382 32 31
Fax 031/ 382 09 88

IJAB, der Internationale Jugendaustausch- und Besucherdienst der Bundesrepublik Deutschland, gibt *Faltblätter internationale Begegnung für junge Leute in Deutschland, in Europa und in Übersee* heraus.
Sie enthalten in übersichtlicher Form eine Zusammenstellung der Anbieter internationaler Begegnungen mit ihren jeweiligen Adressen:

IJAB · Internationaler Jugendaustausch- und Besucherdienst der Bundesrepublik Deutschland
Hochkreuzallee 20
Postfach 20 07 65
D-53137 Bonn
Tel. 0228/95 06 202
Fax 0228/95 06 199

▷ in einem Camp oder Kurzprogramm:
Aktive Auseinandersetzung mit einem Land und deren BewohnerInnen.
▷ in einem Arbeits- oder Sozialeinsatz:
Als PraktikantIn eine fremde Arbeitswelt zur eigenen machen.
▷ in einem Sprachkurs:
Spanisch in Granada, Französisch in Südfrankreich.
▷ in einem Au-pair-Programm: Sprache, Kultur und praktische Arbeit in einem - mit Familienanschluss.
▷ während eines Austauschjahres:
Ein Land, seine Menschen und Kultur von innen kennen lernen.

Ob in Umweltschutzprojekten, im Sozialdienst, als Au-pair, in einem Sprachkurs oder gar während eines Austauschjahres, Möglichkeiten, ein Land anders als mit einem zweiwöchigen Pauschalarrangement kennen zu lernen oder zu bereisen, gibt es viele.
Je nach Angebot sind die Anforderungen unterschiedlich, doch wird von den TeilnehmerInnen meistens erwartet, dass sie bereit sind, sich auf außergewöhnliche Erlebnisse und Erfahrungen einzulassen. Denn im Unterschied zu den gewöhnlichen TouristInnen steht die aktive Auseinandersetzung mit einem Land und deren BewohnerInnen im Vordergrund. Die Programme sind so gestaltet, dass der Einblick in die Licht- und Schattenseiten des Alltags der bereisten Länder nicht nur möglich, sondern vielmehr bewusst gesucht wird. Dies stellt zusätzliche Anforderungen an Flexibilität, Improvisationsfähigkeit und Toleranz der TeilnehmerInnen. Offenheit, Neugier und Flexibilität werden groß geschrieben. Die Kosten für die verschiedenen Programme sind sehr unterschiedlich, in der Regel jedoch preisgünstig.

Freizeit – Reisen – Tourismus
Eine Projektmappe

Kapitel 7

ANDERS REISEN

Eine andere Art, Ferien zu verbringen ...

Service Civil International

Internationale Workcamps mit dem SCI. Gruppen von 8 bis 15 Freiwilligen aus verschiedenen Ländern und Kulturen leisten gemeinsam konkrete Arbeit für ein gemeinnütziges Projekt, z.B. im ökologischen oder sozialen Bereich. Ein Workcamp heißt aber auch: Zusammen kochen, spielen, diskutieren, lachen, Ausflüge machen, Konflikte austragen ...
Ende April erscheint jeweils das internationale Programm mit 500 Workcamps zwischen Juni und Oktober und im Februar das kleine Frühlingsprogramm.

Service Civil International (SCI)
Gerberngasse 21a
CH-3000 Bern 13
Tel.: 031/311 77 27
Fax: 031/311 77 94

Service Civil International (SCI) Deutscher Zweig e.V.
Blücherstraße 14
D-53115 Bonn
Tel.: 0228/21 20 86

... zum Beispiel im internationalen Jugendcamp in der Algarve

Wenn junge Leute nach zweiwöchigem Algarve-Urlaub in Kloten das aus Portugal kommende Flugzeug verlassen, so erzählen sie im Normalfall von tollen Stränden, durchtanzten Disconächten und vom großen Spaß, den sie gehabt haben.
Einiges mehr zu berichten hatte Marine Jordan, eine 19-jährige Gymnasiastin aus Freiburg. Ihre beiden Ferienwochen im Arbeitscamp am Fuß der „Rochada Pena", 30 km landeinwärts, waren so eindrücklich, dass sie noch lange davon zehren wird. Natürlich war auch sie am Strand und in der Disco, nur war dies ein ganz kleiner Teil ihrer zahlreichen Ferienaktivitäten.
Mit Kolleginnen und Kollegen – im Ganzen waren sie 15 – aus Marokko, Norditalien, Frankreich und Portugal hat sie die vom Tourismus und Meer abgewandte Seite der Algarve kennen gelernt. Eine Gegend, die in starkem Kontrast zur internationalen Tourismuswelt steht.
Während der Dauer des Camps wurde ein markierter Wanderweg durch die geheimnisumwitterte Rochada Pena gebaut und eine Brandschneise zur Feuerbekämpfung gerodet. Der Bau des Wanderweges ist für die Region von großer Bedeutung. Er ist ein Schritt in Richtung sanfter touristischer Erschließung.
Gelebt hat die Gruppe im Zeltlager nach ökologischen Kriterien, ohne Strom vom Netz, mit einem Minimum an Abfall und Wasserverbrauch.
Die Arbeit im Feld war für alle körperlich recht anstrengend. Da die meisten TeilnehmerInnen im Alltagsleben an der Uni oder Schule sind, wurde sie jedoch als willkommene Abwechslung zur reinen Kopfarbeit angeschaut. Die große Motivation jedes und jeder Einzelnen half, Muskelkater, müde Arme und Beine schnell zu vergessen. Nach getaner Arbeit folgte das Vergnügen. Verschiedenste Ausflüge wurden unternommen, andere Camps besucht, gemalt, musiziert, Sport getrieben, oder der Kontakt zur Bevölkerung in den legendären „Cafés" gesucht. Eine Köchin aus dem Dorf kochte täglich eine volle Mahlzeit und bot einen Überblick über die Küche des Landes.
(Basler Zeitung, 13.4.1994, gekürzt)

Freizeit – Reisen – Tourismus
Eine Projektmappe

Kapitel 7

ANDERS REISEN

Eine andere Art, Ferien zu verbringen ... (Fortsetzung)

... zum Beispiel ein Au-pair-Aufenthalt, um ein Land und seine BewohnerInnen „von innen her" kennen zu lernen

Isabelle Hardmeyer, als Au-pair für ein Jahr in Boston, USA:
„Als das Flugzeug auf amerikanischem Boden landete, wurde es mir ganz warm ums Herz. Ich war mir bewusst, dass dieser Moment der Anfang eines Jahres voller neuer Entdeckungen und Erlebnissen ist. Am Flughafen empfing mich meine Gastfamilie mit offenen Armen, und dann ging's los zu meinem neuen Zuhause.
Ich lebte mich ganz gut ein, obwohl ich in den ersten zwei Wochen das Gefühl von Heimweh und „Kulturschock" hin und wieder zu spüren bekam. Da meine Gastmutter schon um drei Uhr nach Hause kam, hatte ich genügend Zeit, meinen eigenen Interessen nachzugehen. Ich besuchte den Kurs „Hollywood Behind the Scene", der mich lehrte, dass die ganze Filmwelt nicht auf einer rosa Wolke schwebte, wie ich mir das vorgestellt hatte. Ich bekam nicht genug von all den Broadway-Shows, Musicals, Konzerten und Veranstaltungen.
Dank den regelmäßig organisierten regionalen Meetings fand ich schnell Anschluss zu andern Au-pairs. Zusammen entdeckten wir die wunderschöne Küste „New Englands" bis hinunter zu der verrückten Stadt New York.
Mit den $ 500, die mir zur Verfügung standen, besuchte ich Englischkurse an der Harvard University. Und schon bald stand das Ende meines Jahres vor der Tür. Ich erlebte noch einen sonnigen Monat im Westen Amerikas und auf einer der paradiesischen Inseln Hawaiis, bevor sich meine Augen beim Anblick der Alpen mit Tränen füllten."
(Gekürzter Text aus der Broschüre von Intermundo, 1997, S. 11)

Freizeit – Reisen – Tourismus
Eine Projektmappe

Kapitel 7 **ANDERS REISEN**

Eine andere Art, Ferien zu verbringen ... (Fortsetzung)

... zum Beispiel weniger, dafür längere Aufenthalte auf anderen Kontinenten

Oliver Singh, als Jahresaustauscher in Thungsong, Thailand:
„Es war endlich soweit. Etwa ein halbes Jahr, nachdem ich mich zu einem Austauschjahr entschlossen hatte, befand ich mich am Don-Muang-Flughafen in Bangkok. Dort wurde ich von zwei Freiwilligen abgeholt. Wir fuhren direkt in das Ankunftslager für die Austauschschülerinnen in Thailand. Von Anfang an war ich also mit Gleichaltrigen aus aller Welt zusammen, die sich genauso wie ich auf dieses einjährige Abenteuer eingelassen, gefreut und auch ein klein bisschen davor gefürchtet hatten.
Bald war die Zeit für den ersten Schultag gekommen. Mit gemischten Gefühlen zog ich mir das kurzärmlige weiße Hemd, auf das mit blauen Lettern mein Name und der meiner Schule gestickt war, die knielange, hellblaue Hose, den dazugehörigen Ledergürtel, die braunen Segeltuchschuhe und die braunen Socken an. Fortan würde ich diese Schuluniform täglich im Wohnzimmer bügeln.
In den ersten Tagen stellte ich fest, wie wenig Thai ich erst konnte. Ich musste also immer mit einer Englischlehrerin, die für mich übersetzte, zu allen LehrerInnen gehen, um sie nach ihrem Stoff- und Stundenplan zu befragen. Nach einigen Tagen war schließlich mein Stundenplan komplett und bestand aus Thai, Buddhismus, Zeichnen, Mathematik, Biologie und Chemie.
Während dieses Jahres habe ich Thailand aus der Perspektive eines „Fast-Thais" kennen gelernt. Wie stark ich dieses Land und die Menschen schätzen und lieben gelernt habe, wurde mir aber erst zu Hause klar. Wenn ich die Gelegenheit hätte, noch einmal ein Austauschjahr zu machen, würde ich sofort zusagen."
(Gekürzter Text aus der Broschüre von Intermundo, 1997, S. 7)

Freizeit – Reisen – Tourismus
Eine Projektmappe

Kapitel 7

ANDERS REISEN

Hart wird es, wenn alle auf die sanfte Tour wollen

Darüber, was angepasster, alternativer oder sanfter Tourismus ist, scheiden sich die Meinungen. Als der Begriff „Sanfter Tourismus" Ende der 70er-Jahre aufkam, wurde die gewünschte touristische Entwicklung auch einmal mit „von, mit und für Einheimische(n)" umschrieben, womit ein zentraler Punkt angesprochen ist: Dass nämlich sanfter Tourismus auf demokratischem Konsens und dem Einbezug aller Betroffenen fußt und klar in ein regionales Entwicklungskonzept eingebettet sein muss.

In Bezug auf das Verhalten der TouristInnen hat der Journalist und Zukunftsforscher Robert Jungk den sanften Tourismus folgendermaßen vom harten Tourismus abgegrenzt:

Schreibt alle Begriffe von hartem und sanftem Tourismus auf Kärtchen und versucht, sie den Begriffen hart und sanft zuzuordnen. Vergleicht danach eure Zuordnung mit der Definition von Jungk und diskutiert darüber.

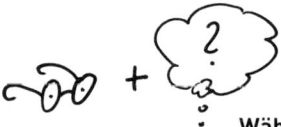

Wählt drei Gegensatzpaare zum Verhalten der TouristInnen aus und sagt, ob ihr einverstanden seid oder nicht und warum.

Überlegt, was ihr während den letzten Ferien gemacht habt. Geht nun die einzelnen Verhaltensweisen durch und beurteilt euren Urlaub. Welcher Kategorie würdet ihr ihn – ganz oder teilweise – zuordnen?

Teilt euch in zwei Gruppen auf und besorgt euch Zeitungen, Zeitschriften und Reiseprospekte. Gestaltet zu hartem Reisen und sanftem Reisen je eine Collage.

Hartes Reisen

▷ Massentourismus

▷ Weniger Zeit
▷ Schnelle Verkehrsmittel
▷ Festes Programm
▷ Außengelenkt
▷ Importierter Lebensstil
▷ „Sehenswürdigkeiten"
▷ Bequem und passiv
▷ Wenig oder keine geistige Vorbereitung auf das Besuchsland
▷ Keine Fremdsprache
▷ Überlegenheitsgefühl
▷ Einkaufen („Shopping")
▷ Souvenirs

▷ Knipsen und Ansichtskarten
▷ Neugier
▷ Laut

Sanftes Reisen

▷ Einzel-, Familien- und Freundesreisen
▷ Viel Zeit
▷ Angemessene Verkehrsmittel
▷ Spontane Entscheidungen
▷ Innengelenkt
▷ Landesüblicher Lebensstil
▷ Erlebnisse
▷ Anstrengend und aktiv
▷ Vorhergehende Beschäftigung mit dem Besuchsland
▷ Sprachen lernen
▷ Lernfreude
▷ Geschenke bringen
▷ Erinnerungen, Aufzeichnungen, neue Erkenntnisse
▷ Fotografieren, Zeichnen, Malen
▷ Takt
▷ Leise

(Robert Jungk: Wieviel Touristen pro Hektar Strand?, in: Geo 10/1980, S. 156)

Freizeit – Reisen – Tourismus
Eine Projektmappe

Kapitel 7

ANDERS REISEN

„Sua Bali" in Indonesien

Von der Kunst, Brücken zwischen Kulturen zu bauen

Ida Ayu Agung Mas freut sich. Ihre Idee, ihr Werk – die Ferienanlage „Sua Bali" – wurde auf der Internationalen Tourismusbörse Berlin 1996 mit dem Preis für sozialverantwortlichen Tourismus ausgezeichnet. Die Anerkennung bestärke sie und verleihe ihr, die bislang von vielen Selbstzweifeln geplagt war, neue Energie und Zuversicht. „Sua Bali" heißt übersetzt „Bali treffen, Bali kennen lernen" und steht für ein Konzept, das im Sinne der hinduistischen Philosophie des Gleichgewichtes die unterschiedlichen Interessen und Bedürfnisse von Einheimischen und TouristInnen in Übereinstimmung bringen will. „Mit ‚Sua Bali' versuche ich", sagt Ida Ayu Agung Mas, „eine Form des Tourismus zu realisieren, der Bali nicht schadet, sondern bereichert. Ich will einen Tourismus, den Bali ‚ertragen' kann und der gleichzeitig den TouristInnen, meinen Gästen, eine Chance gibt, mein Land, meine Kultur und meine Mitmenschen kennen zu lernen und zu verstehen."

Am Anfang standen Sprach- und Kochkurse

Durch Europaaufenthalte ist Ida Ayu Agung Mas sowohl mit der balinesischen als auch mit der westlichen Lebensweise vertraut. (...) Als sie vor fünfzehn Jahren aus dem Westen zurückkehrte, wuchs langsam die Idee von „Sua Bali". Als Literatur- und Sprachwissenschaftlerin hatte sie zwar keine Ausbildung in einem touristischen Beruf, eignete sich jedoch das notwendige Fachwissen selbst an. Sie begann mit Sprach- und Kochkursen für westliche BesucherInnen auf Bali. Intensive Gespräche mit Freunden halfen ihr, „Sua Bali" aus der Taufe zu heben. Die heutige Ferienanlage mit sechs Gästehäusern für 10 bis 15 Personen hat Ida Ayu Agung Mas nur acht Kilometer von ihrem Heimatdorf entfernt am Rande des 3 000-Seelen-Dorfes Kemenuh aufgebaut. „Sua Bali" ist im Stil eines traditionellen Gehöfts gebaut. Die schattig gelegenen Häuser sind strohbedeckt, was eine Klimaanlage überflüssig macht. Die Hausbibliothek und der dazugehörende offene Gemeinschaftspavillon dienen als Informations- und Studienzentrum.

Im Dorf integriert

Die Gäste können sich entspannen, Streifzüge durch die Insel unternehmen und die vielfältigen Angebote nutzen, die einem besseren Verständnis der balinesischen Kultur dienen. Die MitarbeiterInnen vermitteln handwerkliche Kurse bei balinesischen Künstlern oder auf Wunsch auch fachspezifische Gespräche zum Beispiel mit Ärzten über Naturheilkunde. Außerdem können Gäste nach Absprache mit dem Dorfrat und in Begleitung von MitarbeiterInnen von „Sua Bali" an Zeremonien und Festen teilnehmen. Interessiert ist man in „Sua Bali" an Gästen, die verweilen möchten und nicht nur einen ein- bis zweitägigen Blitzbesuch vorhaben.

Die Zusammenarbeit mit den DorfbewohnerInnen und dem „Banjar", dem dörflichen Rat, hat für Ida Ayu Agung Mas einen hohen Stellenwert. Von Anfang an hat sie die Bevölkerung in die Planung der Ferienanlage einbezogen. In vielen Gesprächsrunden hat sie über ihr Vorhaben und die möglichen Auswirkungen des Tourismus informiert. Diskutiert wurde dabei ebenso über die Gefahr der Vermarktung religiöser Feste wie die Nachteile von „modernen" Bauten gegenüber den traditionellen, mit Gras oder Schilf bedeckten Häusern. Für die Schulkinder hat Ida Ayu Agung Mas einen Malwettbewerb zum Thema „Verhalten der TouristInnen" durchgeführt. Diese Aktivitäten

Freizeit – Reisen – Tourismus
Eine Projektmappe

Kapitel 7

ANDERS REISEN

„Sua Bali" in Indonesien (Fortsetzung)

haben Früchte getragen. So hat sich das Dorf gegen den Verkauf von Reisfeldern an einen Golfplatz-Investor oder gegen den Bau einer Bungee-Jumping-Anlage entschieden. Außerdem wird es im Dorf keine kommerziellen Hochzeitszeremonien für ausländische Brautpaare geben.

Kurtaxe für die Dorfkasse

Gemäß den beiden philosophischen Grundprinzipien von „Sua Bali" – dem Gleichgewicht und dem konfliktfreien Zusammenleben – sollen die DorfbewohnerInnen einen direkten Nutzen von der Ferienanlage haben. So war es für Ida Ayu Agung Mas selbstverständlich, dass einheimische Arbeitskräfte für den Bau der Anlage engagiert wurden. Aus demselben Grund werden die Einkäufe vor Ort getätigt; Baumaterialien und Einrichtung stammen aus der Umgebung, die Waren des täglichen Bedarfs werden zu 70 bis 80% in Kemenuh und der Rest in den Nachbarorten eingekauft. Ähnlich unserer Kurtaxe bezahlen alle Gäste pro Tag einen Dollar in die Dorfkasse. Diese Steuer – insgesamt bisher 8 300 Dollar – wird für kulturelle und soziale Belange des Dorfes verwendet. Außerdem hat „Sua Bali" eine kleine Umfahrungsstraße gebaut, um keine unnötige Störung durch die an- und abfahrenden TouristInnen im weitgehend autofreien Dorf zu verursachen.

Die Arbeitsbedingungen stimmen

Die zehn Angestellten, allesamt aus Kemenuh und den benachbarten Dörfern, kommen in den Genuss einer betrieblichen Sozialversicherung. Dazu gehört die in diesem Gewerbe (nicht nur) auf Bali unübliche Lohnfortzahlung im Krankheitsfall und bei Schwangerschaft. Außerdem werden MitarbeiterInnen bei vollem Lohnausgleich für Zeremonien der Dorfgemeinschaft freigestellt, z.B. für Vorbereitungen zu Tempelfesten oder für Beerdigungen. Damit erreicht Ida Ayu Agung Mas nicht nur, dass die Beschäftigten in ihrem Dorf verwurzelt bleiben, sondern auch, dass sie überdurchschnittlich lange bei ihr bleiben. Ihr Angebot von kostenlosen Sprachkursen nach einer sechsmonatigen Betriebszugehörigkeit fördert zusätzlich die Bindung an „Sua Bali". Trotzdem konnte sie nicht verhindern, dass durch die Weiterbildungsangebote entsprechend besser qualifizierte MitarbeiterInnen dem Glitzer der Tourismusindustrie erlegen sind und „Sua Bali" den Rücken gewandt haben.

Die Zukunft den Frauen

Es ist der Preisträgerin des Wettbewerbs für sozialverantwortlichen Tourismus ein ganz besonderes Anliegen, ihre in der Mehrzahl weiblichen MitarbeiterInnen der Ferienanlage „Sua Bali" zu stärken. Dabei müsse sie, wie sie sofort hinzufügt, sehr behutsam vorgehen. Denn selbstbewusste und starke Frauen hätten es schwer in Indonesien. Doch sie gibt ihre Überzeugungsarbeit nicht auf. Jetzt, nach der Preisverleihung, werde es mit neuen Plänen weitergehen, versichert sie lächelnd.

(Mechtild Maurer, in: K. Grütter, Ch. Plüss (Hrsg.): Herrliche Aussichten!, 1996, S. 200-203)

Der obige Text beschreibt ein Modellbeispiel für sanften Tourismus. Lies den Text noch einmal durch. Leite die wichtigsten Kriterien für einen sanften Tourismus ab. Tragt eure Erkenntnisse in der Kleingruppe zusammen. Formuliert Voraussetzungen und Grenzen für ein solches Projekt.

Freizeit – Reisen – Tourismus
Eine Projektmappe

Kapitel 7

ANDERS REISEN

Sanfter Tourismus

... zum Beispiel ökologische Hotels statt Betonburgen

Das Hotel Ucliva

Das Hotel Ucliva in Waltensburg im Bündner Oberland bietet unter dem Motto „Ferien ohne Schnick-Schnack" seinen Gästen ein unverfälschtes Ferienerlebnis an. Vor der Tür des Ucliva liegen nichts als Wald und Wiesen. Die Hühner stolzieren um das ganze Hotel und lassen sich sogar anfassen – aber nur, wenn sie wollen. Und im Haus selbst herrscht eine ungezwungene Atmosphäre und Umweltfreundlichkeit. 100 qm Sonnenkollektoren sorgen für warmes Wasser und ein Holzofen für behagliche Wärme. Unbehandeltes Holz in den Räumlichkeiten, systematische Abfalltrennung und Entsorgung und biologische Reinigungsmittel gehören schon lange zum Hotelinventar. Bauernhöfe aus dem Dorf versorgen die Küche mit biologisch angebauten Frischprodukten, Bergkäse und den Eiern von „glücklichen Hühnern". Was nichts anderes bedeutet als: Im Ucliva wird in jedem Bereich konsequenter Umweltschutz betrieben. In Waltensburg findet unter Berücksichtigung der einheimischen Situation ein gesunder und nutzbringender Tourismus statt. Hier wird demonstriert, wie einfach sich Natur und Ferien zu einer Einheit verbinden und ergänzen lassen. Vor allen Dingen zeigt dieses Hotelkonzept, daß alle Beteiligten daraus einen gewinnbringenden und langfristigen Vorteil ziehen können – eben nach den Prinzipien des sanften Tourismus.

Adressen, die auf der Suche nach sanften Hotels/sanften Reiseformen weiterhelfen:

Verkehrsclub der Schweiz VCS
Aarbergergasse 31
CH-3000 Bern 2
Tel.: 031/328 82 00
Fax: 031/328 82 01

Fairtours Wohnungstausch für sozial- und umweltgerechtere Ferien
Postfach
CH-9001 St. Gallen
Tel./Fax: 071/223 24 15

Schweizer Jugendherbergen
Schaffhauserstraße 14
CH-8042 Zürich
Tel.: 01/360 14 14
Fax: 01/360 14 60

Naturfreunde Schweiz
Zentralsekretariat
Pavillonweg 3
CH-3001 Bern
Tel.: 031/301 60 88
Fax: 031/301 61 18

Verkehrsclub Deutschland VCD
Redaktion Fairkehr
Postfach 17 02 16
D-53028 Bonn
Tel.: 0228/98 58 50
Fax: 0228/98 58 550

Bundesgeschäftsstelle TV „Die Naturfreunde"
Postfach 60 04 41
D-70304 Stuttgart
Tel.: 0711/40 95 40
Fax: 0711/40 95 44

Deutsches Jugendherbergswerk
Hauptverband
Postfach 14 55
D-32704 Detmold
Tel.: 05231/7 40 10

© Verlag an der Ruhr, Postfach
45422 Mülheim an der Ruhr

Freizeit – Reisen – Tourismus
Eine Projektmappe

Kapitel 7

ANDERS REISEN

Sanfter Tourismus (Fortsetzung)

**... zum Beispiel weniger weit reisen.
Spannende und erholsame Ferien sind auch in der Nähe möglich.**

Vier Beispiele eines ökologisch ausgerichteten Reisebüros:

Europas letzte Urwälder in Polen: Naturtouren und Kanuferien

Wer an Polen denkt, der denkt vielleicht an Kohleabbau, den Zweiten Weltkrieg, an die Jahre des Kommunismus oder gar an Umweltschäden. Polen, ein großes Land mitten in Europa, hat aber auch andere Seiten! Es hat eine tausendjährige Geschichte, eine reiche Kultur und vor allem 15 Nationalparks und einmalige Naturlandschaften. Dort ist Natur wirklich noch Wildnis im Urzustand und der Mensch nicht Eigentümer, sondern geduldeter Gast.

Insel und Märchenwelt: Fahrradtouren in Dänemark

Auf gut markierten und sicheren Fahrradwegen ist es ein Vergnügen, Dänemark kennen zu lernen. Durch typische dänische Dörfer, entlang den Sandstränden und Fjorden, sowie über grüne Hügel führen verschiedene Fahrradtouren. Zwischen Ost- und Nordsee gelegen, bietet Dänemark eine gute Küche: Genießen Sie Smörrebröd oder die raffinierten Fischgerichte. Die Tagesetappen von 20 bis 65 km lassen es zu, mal einen Abstecher in ein Museum oder Schloss zu machen. Interessante Sehenswürdigkeiten liegen in unmittelbarer Nähe oder direkt an den Fahrradrouten.

„Der Verkehrs-Club der Schweiz (VCS) bietet mit seinem Programm *„Im Einklang mit der Natur"* Ferien ausschließlich innerhalb Europas und nur per Bahnreise an. Zudem fördert er Mobilitätsformen (Fahrrad, Wandern, Kanu) und Unterkunft etwa in familiären Kleinhotels, die nicht zu einem fatalen Ausbau von Straßen oder der Tourismusinfrastruktur führen."
(VCS-Zeitung, 5/1997)

Kapitel 7

ANDERS REISEN

Sanfter Tourismus (Fortsetzung)

Segeln wie zu alten Zeiten: Holland und England

Haben Sie schon mal von einem Plattbodenboot oder von einem Tjalk gehört? Bis zum Beginn unseres Jahrhunderts als Frachtschiffe unterwegs und dann von der modernen Technik verdrängt, wurden sie von ein paar Enthusiasten gerettet. Manche der liebevoll restaurierten Schiffe haben beinahe hundert Jahre auf dem Buckel. Dort, wo früher Frachtgut lagerte, befinden sich nun komfortable Gästekabinen und gemütliche Aufenthaltsräume. Nebst Erholung und Erlebnis in der Natur ist bei diesen Segeltörns auch ein Schuss Abenteuer dabei!

Lipari – vulkanische Inselwelt: Bade-Aktivferien

Die sieben aeolischen Inseln, ein Archipel vulkanischen Ursprungs vor der Küste Siziliens, bieten ein Landschaftsbild von unvergleichlicher Schönheit und abwechslungsreichem Charakter. Die Inselgruppe gilt mit ihren abwechslungsreichen Stränden, den steilen Klippen und den aktiven Vulkanen immer noch als etwas ganz Spezielles unter den Inselfans. Baden in einsamen Buchten, wunderschöne Wanderungen oder vielleicht sogar ein Tauchkurs - eine Woche Lipari ist fast zu kurz, um den Zauber dieser Inselwelt einzufangen und zu genießen.

(Alle Angaben aus dem Prospekt „VCS: Ferien und Reisen 97 – Im Einklang mit der Natur")

© Verlag an der Ruhr, Postfach
45422 Mülheim an der Ruhr

Freizeit – Reisen – Tourismus
Eine Projektmappe

Kapitel 7

ANDERS REISEN

Produktedeklaration: bessere Information – bewußtere Entscheidung

In den meisten Prospekten der Reiseveranstalter sind die Angaben zu den angebotenen Reisen sehr einseitig. Du erfährst zwar (fast) alles über die Lage und die Unterhaltungsmöglichkeiten in deinem Hotel am Ferienort, und wenn du auch das Kleingedruckte gut liest, weißt du, was dich die Reise wirklich kostet. Aber damit hat es sich dann meistens. Dass es ganz anders auch geht, beweist SSR-Reisen im Folgenden mit seiner Angebotsbeurteilung.

Angebotsbeurteilung

Wir haben die Angebote in unseren Katalogen auf die von ihnen ausgehende Umweltbelastung hin beurteilt. Im Bewusstsein, dass von jeder Reise – wie von vielen anderen menschlichen Tätigkeiten auch – eine Beeinträchtigung für die Umwelt ausgeht, verzichten wir darauf, sogenannt umweltverträgliche Reisen in irgendeiner Form zu kennzeichnen. Statt dessen verwenden wir als Belastungsanzeiger zehn Indikatoren, die auf eine Mehr- oder Minderbelastung hinweisen. Diese Angebotsbeurteilungen sind in der Absicht entstanden, dir eine geeignete Orientierungshilfe zu bieten.

Transportenergie

Als Indikator für die Belastungen, die durch das jeweilige Transportmittel entstehen, verwenden wir den durchschnittlichen Energieverbrauch. Der Energieverbrauch eignet sich deshalb als Belastungsanzeiger, weil viel Energieumsatz im Allgemeinen auch mit einer hohen Belastung durch Schadstoffe, Lärm usw. einhergeht. Der mengenmäßig höchste Energieverbrauch einer Reise entsteht naturgemäß beim Transport zum Ferienziel und zurück. Bei den Berechnungen nicht berücksichtigt wurde diejenige Energiemenge, die benötigt wird, um die Fahrzeuge, die Bahnhöfe, Flugplätze und Straßen herzustellen bzw. zu bauen und zu unterhalten (graue Energie). Der effektive Energieverbrauch ist demnach größer als derjenige, den wir zu Vergleichszwecken als Indikator verwenden. Wichtig für das Ergebnis sind im Weiteren die Annahmen, die den Berechnungen zu Grunde liegen: So rechnen wir bei der Bahn mit einer Sitzplatzauslastung von 40%, bei Reisecar, Schiff und Kurzstreckenflug mit 60% und bei Langstreckenflügen mit 70%. Der Kerosinverbrauch wurde anhand einer in der Schweiz eingesetzten Flugzeugflotte errechnet.
Die für das jeweilige Transportmittel errechnete Energiemenge wird in der Größe Megajoule (MJ) angegeben. Mit der Größe Joule werden Energiemengen gemessen. 1 Megajoule enthält 1 000 Kilojoule oder 1 Million Joule.

Freizeit – Reisen – Tourismus
Eine Projektmappe

Kapitel 7

ANDERS REISEN

Energieverbrauch pro Person für die Strecke Zürich-Paris (retour)

1 010 MJ	Zug
2 630 MJ	Auto*
3 660 MJ	Flugzeug

* Mittelklassewagen/2 Personen
(Quelle: Flug oder Zug – Ein Vergleich, VCS/SSR-Reisen, 1992)

Vergleichsbeispiele: Jahres-Energieverbauch (4-Personen-Haushalt) von

Farbfernseher	500 MJ
Kaffeemaschine	1 000 MJ
Kühlschrank (200 Liter)	3 700 MJ
Tiefkühler (330 Liter)	5 700 MJ
Elektroherd mit Backofen	9 500 MJ
Stromverbrauch Haushalt	38 000 MJ
Auto (7 l/100 km, 15 000 km)	40 000 MJ
Heizung 4-Z.-Wohnung	51 000 MJ

Ferienorte und Unterkünfte

Die in unseren Katalogen ausgeschriebenen Ferienorte und Unterkünfte werden von uns mit einer Checkliste auf die von ihnen ausgehende Umweltbelastung hin überprüft. Je nach Land und Reiseart müssen die von uns angewandten Umweltkriterien unterschiedlich gewertet werden. Außerdem sind mengenmäßige Daten meist nicht erhältlich, oder die Umweltauswirkungen lassen sich zahlenmäßig nicht erfassen. So sind Auswirkungen wie beispielsweise die Veränderung des Landschaftsbildes durch den Bau von Infrastrukturanlagen oder durch Hotelbauten nicht in Zahlen auszudrücken. Deshalb stellen wir die Umwelt- und Sozialbelastungen, die am Ferienort durch die Unterkunft entstehen, mit qualitativen Indikatoren als Zeiger für eine Mehr- oder Minderbelastung dar. Sind die Kriterien, die einem Indikator zu Grunde liegen, erfüllt, weist dies auf eine Minderbelastung hin. Sind sie nicht erfüllt, deutet dies auf eine Mehrbelastung hin. Werden nicht alle Punkte innerhalb eines Kriteriums erfüllt, kennzeichnen wir es als „teilweise erfüllt".

Zeichenerklärung

- Kriterium erfüllt (Minderbelastung)
- Kriterium teilweise erfüllt
- Kriterium nicht erfüllt (Mehrbelastung)
- Kriterium nicht anwendbar/nicht abklärbar

Unsere Erhebungen basieren auf allgemeinen Erkenntnissen und auf Untersuchungen, die durch uns oder in unserem Auftrag durchgeführt wurden. Sie sind nicht als streng wissenschaftlich zu verstehen, sondern aus unserer ehrlichen Absicht entstanden, dir eine geeignete Orientierungshilfe zu bieten.

Kriterien

Ferienort/Ferienziel

Der Ferienort resp. die Rundreise ist so angelegt, dass unberührte oder sensible Lebensräume keinen Schaden nehmen.
- *weil* unberührte oder sensible Lebensräume (z.B. Naturschutzgebiete, Urwälder, Oasen) störungsanfällig sind bzw. die Kultur der Einheimischen bedroht ist.

Touristische Infrastruktur

Außer dem Tourismus werden noch andere Wirtschaftszweige (z.B. Landwirtschaft, Kleingewerbe) erhalten und gefördert und der weitere touristische Ausbau wird unter Rücksichtnahme auf die lokale Bevölkerung sorgfältig geplant,

© Verlag an der Ruhr, Postfach
45422 Mülheim an der Ruhr

Freizeit – Reisen – Tourismus
Eine Projektmappe

Kapitel 7

ANDERS REISEN

- *weil* einseitige Abhängigkeit vom Tourismus natürlich gewachsene Strukturen zerstören und die Eigenständigkeit der Bevölkerung gefährden kann.
- *weil* mit klaren planerischen Richtlinien die Zersiedelung gestoppt und die Attraktivität eines Ferienortes längerfristig erhalten werden kann.

Verkehr

Der Ferienort/die Stadt verfügt über ein attraktives öffentliches Verkehrsnetz und fördert dessen Benutzung mit entsprechender Planung. Bei Rundreisen sollten schwerpunktmäßig öffentliche Verkehrsmittel benutzt werden,

- *weil* ein Angebot an öffentlichen Verkehrsmitteln den Verzicht auf Mietfahrzeuge ermöglicht und ohne entsprechende Verkehrsplanung viele Ferienorte resp. Städte im Individualverkehr zu ersticken drohen.
- *weil* Rundreisen mit öffentlichen Verkehrsmitteln die Umwelt weniger belasten und den Kontakt mit der lokalen Bevölkerung fördern.

Wasser

Die Region verfügt über eigene, genügend große Grund- oder Quellwasservorkommen,

- *weil* der hohe Trinkwasserverbrauch für den Tourismus oft zu Mangel an Wasser in anderen Bereichen führt.
- *weil* eine Übernutzung der Quellen der lokalen Bevölkerung die Lebensgrundlage entzieht und der Flora und Fauna unwiederbringlich Schaden zufügt.

Unterkunft

Größe/Besitzverhältnisse/Lage

Die Unterkunft hat nicht mehr als 100 Zimmer, befindet sich mehrheitlich im Besitz von Einheimischen und ist mit öffentlichen Verkehrsmitteln gut erreichbar.

- *weil* so eine partnerschaftliche Zusammenarbeit mit der lokalen Bevölkerung eher möglich ist, dies den Kapitalexport verhindert und so die Wirtschaft des Gastlandes stärkt.
- *weil* so der energieintensive Individualverkehr eingeschränkt werden kann.

Bau/Einrichtungen

Die Unterkunft ist von der Bauweise her dem Ortsbild angepasst und verfügt weder über Klimaanlage, Minibar, Schwimmbad noch Bewässerungsanlage. Die Wäsche wird nicht (oder nur auf ausdrücklichen Wunsch des Gastes hin) täglich gewechselt.

- *weil* dadurch das Landschafts- oder Ortsbild weniger beeinträchtigt wird.
- *weil* dies den Energie- und Wasserverbrauch senkt.

Gästeinformation

Die Betriebsleitung resp. SSR-Reiseleitung informiert ihre Gäste über die Umwelt wenig belastende Erholungsmöglichkeiten sowie über den öffentlichen Verkehr und gibt Wasser- und Energiespartipps.

- *weil* dies die Gäste für diese Anliegen sensibilisiert und zur Benutzung des öffentlichen Verkehrs anregt.

Gastronomie

Das Hotel bietet möglichst landestypische Verpflegung an, bezieht die Lebensmittel vorwiegend aus der Region und vermeidet Einwegflaschen und Portionenverpackungen.

- *weil* die Küche einen wesentlichen Teil der Kultur eines Landes darstellt und die Verwendung von Nahrungsmitteln aus regionaler Herkunft die lokalen ProduzentInnen fördert und energieintensive Transporte für Importware vermindert.
- *weil* Abfallberge die Umwelt belasten und Abfallvermeidung die beste Strategie dagegen ist.

© Verlag an der Ruhr, Postfach
45422 Mülheim an der Ruhr

Freizeit – Reisen – Tourismus
Eine Projektmappe

Kapitel 7

ANDERS REISEN

Abfall/Abwasser

Die Abwässer der genutzten Unterkünfte werden nicht ungeklärt in die Gewässer eingeleitet, und es besteht eine geordnete Abfallentsorgung.
- *weil* die Gewässerverschmutzung weltweit eines der größten Umweltprobleme ist und die saisonale Belastung durch den Tourismus zusätzlich die Trinkwasser- und Badewasserqualität gefährdet.
- *weil* eine geordnete Abfallentsorgung Landschaftsverschandelung und Grundwassergefährdung durch wilde Deponien verhindert.

Apropos ...

Rundreisen

Bei Rundreisen beschränken wir uns darauf, den ungefähren Energiebedarf für den Transport anzugeben. Die Rundreisen führen meist durch sich unterscheidende Regionen, und es wird in sehr unterschiedlichen Unterkünften übernachtet. Dies führt dazu, dass diese Rundreisen mit unseren Bewertungskriterien für Ferienort und Unterkunft nicht erfasst werden können.

Städtereisen

Als BesucherIn einer Großstadt belastest du in der Regel die bestehende Umweltsituation (Luftbelastung, Privatverkehr, Abfall und Abwasser) kaum zusätzlich. Ausnahmen wie Venedig oder Florenz, wo die Zahl der jährlichen BesucherInnen diejenige der BewohnerInnen übersteigt und dadurch die Belastung der Umwelt, der Kulturgüter und der Einheimischen ins Gewicht fällt, bestätigen die Regel. Anders bei deiner Anreise: Durch unsere zentrale Lage in Europa sind viele Städte bequem per Bahn zu erreichen. Da der Energieverbrauch und als Folge die Luftbelastung durch Flugzeuge erheblich größer sind als durch die Bahn, bieten wir in unseren Katalogen Pauschalangebote mit Flug nur an, wenn die Bahnfahrt (ab Zürich) länger als 8 Stunden dauert.

Da wir unsere Hotels in den Städten soweit als möglich nach einheitlichen Kriterien auswählen, haben wir die Unterkunftsbewertung nur einmal pro Stadt publiziert. Die Bewertung repräsentiert somit die Mehrheit der am selben Reiseziel beschriebenen Hotels. Detailunterschiede (z.B. Minibar, Klimaanlage etc.) ersiehst du aus der Hotelbeschreibung.

Fernreisen

Reisen nach Übersee sind wegen der Langstreckenflüge sehr energieintensiv. Zudem werden bei einem Aufenthalt außerhalb Europas oft große Strecken per Flugzeug, Bus, Mietwagen oder Camper zurückgelegt. Mit einer sinnvollen Reiseplanung kannst du jedoch, ohne verzichten zu müssen, mit der Energie sparsam umgehen: Zum einen, indem du einen Aufenthalt von mehreren Wochen planst und zum anderen, indem du dich auf das Bereisen von wenigen Regionen beschränkst. Nebenbei wird damit dein Feriengenuss größer und dein Reiseerlebnis intensiver.

Badeferien

Küstenregionen sind insgesamt aus ökologischer Sicht sensible Lebensräume. In vielen touristisch intensiv genutzten Küstengebieten ist das ökologische Gleichgewicht denn auch bereits irreparabel gestört. Unübersehbar sind insbesondere auch die Auswirkungen auf das Landschaftsbild. Aus der Überlegung, dass vor allem die bisher noch nicht intensiv genutzten Küstenabschnitte zu schonen sind und deshalb touristisch nur sehr behutsam erschlossen

© Verlag an der Ruhr, Postfach
45422 Mülheim an der Ruhr

Freizeit – Reisen – Tourismus
Eine Projektmappe

Kapitel 7 — ANDERS REISEN

werden sollten, haben wir die bestehenden, seit langen Jahren bereisten Ferienorte nicht als „sensible Lebensräume" gewertet.

Sprachschulen

Bei einem Sprachschulaufenthalt kannst du in idealer Weise Ferien mit (Weiter-)Bildung kombinieren. In der Regel wohnst du bei einer Gastfamilie, auf einem Uni-Campus oder zusammen mit anderen StudentInnen in einer Wohnung. Da sich unsere Bewertung der Unterkunft an rein touristisch genutzten Anlagen orientiert, beschränken wir uns bei der Bewertung der Sprachschulangebote auf die Angabe der Beurteilung des Zwecks.

Wasser

In vielen südlichen Ländern ist das Süßwasser generell knapp. Die Menge des zur Verfügung stehenden Quell- und Grundwassers ist stark von der Niederschlagsmenge im Winterhalbjahr abhängig. Ist diese ungenügend, so versiegen im Sommer die Quellen, und die Grundwasservorkommen werden übernutzt. Eine Folge davon ist die Versalzung der Böden und eine Verschlechterung der Trinkwasserqualität: eine massive Bedrohung für Flora und Fauna. Der Trinkwasserverbrauch durch den Tourismus ist im Allgemeinen sehr hoch. So müssen täglich pro Gast bis zu 600 l Wasser (inkl. Swimmingpool, Gartenbewässerung usw.) bereitgestellt werden. Zuverlässige Angaben von lokalen Behörden, auf die sich unsere Bewertungen abstützen, sind aber nur schwer erhältlich. Grundsätzlich sollte deshalb in südlichen Ländern sehr sparsam mit Trinkwasser umgegangen werden.

Gastronomie

Das Kriterium „Gastronomie" haben wir nur bei denjenigen Hotels beurteilt, die Halb- oder Vollpension anbieten. Dies in der Meinung, dass in den meisten südlichen Ländern das Frühstück, wie wir dies in Nordeuropa gewöhnt sind, ohnehin nicht landestypisch ist und dass du die Hauptmahlzeiten in der Regel in einem der lokalen Restaurants einnehmen wirst.

(Auszug aus dem Prospekt von SSR-Reisen)

Anhang

LITERATUR

Kapitel 1

- Hansruedi Müller, Bernhard Kramer, Jost Krippendorf:
  Freizeit und Tourismus
  Eine Einführung in Theorie und Praxis, Berner Studien zu Freizeit und Tourismus, Bern 1993

- Jürgen Hammelehle:
  Zum Beispiel Tourismus
  Göttingen 1995, S. 7–18, 29–34

- Ueli Mäder:
  Frei-Zeit. Fantasie und Realität
  Rotpunktverlag, Zürich 1990

- **Freizeit fatal**
  Über den Umgang mit der Natur in unserer freien Zeit,
  hrsg. vom BUND Landesverband NW, zusammengestellt von Ilse Straeter und Susanna Voigt, Köln 1989

- **Der neue Tourismus**
  Rücksicht auf Land und Leute,
  hrsg. von Klemens Ludwig, Michael Has, Martina Neuer,
  München 1990, S. 13–27

- Hansruedi Müller, Berhard Kramer, Claudio Luigi Ferrante:
  Schweizer und ihre Freizeit
  Facts and Figures aus zehn Jahren Freizeitforschung. Berner Studien zu Freizeit und Tourismus, Bern 1997

Kapitel 2

- **Der neue Tourismus**
  Rücksicht auf Land und Leute,
  hrsg. von Klemens Ludwig, Michael Has, Martina Neuer,
  München 1990, S. 28–39

- **Tourismus**
  Arbeitstexte für den Unterricht, hrsg. von Hans-Werner Prahl und Albrecht Steinecke, Stuttgart 1981, S. 16–38

- **Reisekultur**
  Von der Pilgerfahrt zum modernen Tourismus, hrsg. von Hermann Bausinger, Klaus Beyrer, Gottfried Korff, München 1991

- **UNESCO-Kurier**
  Reiseberichte, 4/1987

- **Reisen und Tourismus – Ein historischer Überblick**
  zusammengestellt aus Anlass der 20. ITB (Internationale Tourismus-Börse), Berlin 1986,
  hrsg. vom AMK Berlin, 1987

- Hans Magnus Enzensberger:
  Eine Theorie des Tourismus,
  in: Einzelheiten I, Frankfurt/M. 1964

- Ueli Mäder:
  Sanfter Tourismus: Alibi oder Chance?
  Rotpunktverlag, Zürich 1985

© Verlag an der Ruhr, Postfach
45422 Mülheim an der Ruhr

Kapitel 3

- **Statistisches Bundesamt**
  Gustav-Stresemann-Ring 11, D-65180 Wiesbaden

- **Bundesamt für Statistik, Sektion Tourismus**
  CH-3003 Bern

- Welttourismusorganisation WTO:
  Highlights 1996, International Tourism Overview
  Madrid 1997

- Bundesamt für Statistik:
  Der Reiseverkehr der Schweizer im Ausland
  Bern 1996

- Claudio Luigi Ferrante:
  Die Masse in Zahlen
  Quantitative und historische Dimension des Tourismus, S. 41–53, in: Massentourismus – Ein reizendes Thema, Schriften zur Tourismuskritik, hrsg. von der gruppe neues reisen, 1993

- Mechtild Maurer u. a.:
  Tourismus und Dritte Welt
  Ein kritisches Lehrbuch mit Denkstößen. Berner Studien zu Freizeit und Tourismus, Bern 1992, S. 53–69

- Karin Grütter und Christine Plüss (Hrsg.):
  Herrliche Aussichten! Frauen im Tourismus
  Kleine Reihe Tourismus und Entwicklung, Rotpunktverlag, Zürich 1996

- Jürgen Hammelehle:
  Zum Beispiel Tourismus
  Göttingen 1995, S. 9–18, 35–40

- **The state of world population**
  UNFPA 1996

Kapitel 4

- **Reisen und Umwelt:**
  Das Informationsmagazin von SSR-Reisen, 3/1996

- Mechtild Maurer u. a.:
  Tourismus und Dritte Welt
  Ein kritisches Lehrbuch mit Denkstößen. Berner Studien zu Freizeit und Tourismus, Bern 1992, S. 71–86

- Roman Mezzasalma:
  Ökomanagement für Reiseveranstalter
  Berner Studien zu Freizeit und Tourismus, Bern 1994

- **Trafic Box:**
  Energie und Mobilität in 8 Lektionen
  vdf Hochschulverlag AG an der ETH, Zürich 1997

- **Der neue Tourismus**
  Rücksicht auf Land und Leute,
  hrsg. von Klemens Ludwig, Michael Has, Martina Neuer,
  München 1990, S. 112–122

Kapitel 5

- Mechtild Maurer u. a.:
  Tourismus und Dritte Welt
  Ein kritisches Lehrbuch mit Denkstößen, Berner Studien zu Freizeit und Tourismus, Bern 1992, S. 87–106

- Jürgen Hammelehle:
  Zum Beispiel Tourismus
  Göttingen 1995, S. 45–58, 95–98

- Jost Krippendorf:
  Die Ferienmenschen
  Orell Füssli, Zürich 1984, S. 94–120

- Marita Zimmermann:
  Interkulturelles Lernen als Erfahrung des Fremden: Tourismus und sprachliche Weiterbildung
  Referat 12.8.1986

- Renate Wilke-Launer, Ekkehard Launer:
  Zum Beispiel Sextourismus
  Göttingen 1988

Kapitel 6

- **You and AI**
  hrsg. von amnesty international, Sektion Schweiz, Bern, Nummer 17, Juni 1997

- **Tourismus contra Menschenrechte**
  Dokumentation der Veranstaltung vom 5.3.1991 an der Internationalen Tourismusbörse in Berlin

- Mechtild Maurer u. a.:
  Tourismus und Dritte Welt
  Ein kritisches Lehrbuch mit Denkstößen. Berner Studien zu Freizeit und Tourismus, Bern 1992, S. 123–134

- Christian Stock:
  Mit dem Bodyguard auf Reisen
  Die Rolle des Tourismus in politischen Konflikten, in: blätter des iz3w, Nr. 214, Juni/Juli 1996

- Helmut Adamaschek und Mechtild Maurer:
  Nichts gesehen, nichts gehört …
  Tourismus in menschenrechtsverletzenden Ländern, in: blätter des iz3w, Nr. 179, Februar 1992

- **Kurznachrichten 2/95, 3/95 und 4/97**
  hrsg. vom Arbeitskreis Tourismus und Entwicklung, Basel

- **Dossier „Burma"**
  Dokumentation zum Thema Tourismus und Menschenrechte in Burma, Arbeitskreis Tourismus und Entwicklung, Basel 1996

Freizeit – Reisen – Tourismus
Eine Projektmappe

Anhang

LITERATUR
PRINTMEDIEN · FILME

Kapitel 7

- **Jugendaustausch-Organisationen**
  hrsg. von Intermundo, Dachverband zur Förderung von Jugendaustausch, Schwarztorstr. 69, CH-3007 Bern
  Tel.: 031/382 32 31, Fax: 031/382 09 88

- **IJAB e.V.**
  Internationaler Jugendaustausch- und Besucherdienst der Bundesrepublik Deutschland, Hochkreuzallee 20
  Postfach 200765, D-53137 Bonn
  Tel.: 0228/95 06 202
  Fax: 0228/ 95 06 199

- Karin Grütter und Christine Plüss (Hrsg.):
  Herrliche Aussichten!
  Frauen im Tourismus
  Kleine Reihe Tourismus und Entwicklung, Rotpunktverlag, Zürich 1996

- SSR-Reisen
  Umwelt Extra
  Zürich 1996

Weitere Unterrichtsmaterialien zum Thema:
Printmedien:

Bestelladressen: Stiftung Bildung und Entwicklung, Postfach, CH-3001 Bern,
Tel.: (0041) 031/380 80 80
Arbeitskreis Tourismus und Entwicklung, Missionsstraße 21, CH-4003 Basel,
Tel.: (0041)061/261 47 42

- **Fotos für Gespräche: Tourismus**
  40 s/w-Fotos A4, Begleittext mit didaktischen Anregungen, ab 7. Klasse, eine Koproduktion des Verlags an der Ruhr und des Arbeitskreises Tourismus und Entwicklung, 1994, DM/sFr 25,-

Die Fotomappe ist ein vielseitiges Unterrichtsmittel für die Arbeit in Gruppen, sowohl in der Schule als auch der Erwachsenenbildung. Thematisiert werden verschiedene Tourismusarten, Strukturen und Auswirkungen des Tourismus, unser Verhalten gegenüber Fremden und Fremdem, unser Alltag hier, AusländerInnen und TouristInnen bei uns. Geeignet als Einstiegsmedium.

- Jürgen Hammelehle:
  Zum Beispiel Tourismus
  Lamuv Verlag, Göttingen, 3. Auflage 1995, 96 S.
  9,80 DM/sFr 12,-

Kurze und prägnante Texte verschiedener AutorInnen zum Thema. Eignet sich für die Sek. II oder als Hintergrundmaterial für die Lehrperson.

© Verlag an der Ruhr, Postfach
45422 Mülheim an der Ruhr

- Christian Stock (Hrsg):
  Trouble in Paradise – Tourismus in die Dritte Welt
  Informationszentrum Dritte Welt Freib. und BdKJ, Düsseldorf 1997
  DM 29,80/sFR

Das Buch richtet sich an alle (zukünftigen) Reisenden und an alle, die sich mit dem komplexen Thema „Tourismus in die Dritte Welt" auseinandersetzen wollen.

Audiovisuelle Medien:

- **Ausverkauf der Paradiese – zum Beispiel Goa**
  VHS, dt., 22 Min., 1990, Verleih:
  Deutschland kostenlos,
  Schweiz: sFr 25,-

Vom Hippietourismus zum Massen- und Luxustourismus.
Ein Film über die Auswirkungen dieser Entwicklungen und den Widerstand der einheimischen Bevölkerung.

- **Wir Kinder von Manila – Skizzen vom Babystrich**
  VHS, dt., 37 Min., 1993, Verleih:
  Deutschland kostenlos,
  Schweiz: sFr 30,-

Drei Kinder beschreiben aus ihrer Sicht das Milieu im Rotlichtviertel von Manila. Sie stehen stellvertretend für Tausende von Mädchen und Jungen im Süden, die sexuelle ausgebeutet werden.

- **Pauschal total – Eine Reise, zwei Ansichten**
  VHS, dt., 30 Min., 1996, Verleih:
  Deutschland kostenlos,
  Schweiz: sFr 30,-

Eine deutsche Touristengruppe auf Pauschal-Reise in Tunesien.
Ein Film darüber, wie beide Seiten sich jeweils wahrnehmen.

- **Bezness**
  16 mm, Original mit Untertiteln, 100 Min., 1992, von Nouri Bouzid, Verleih:
  Deutschland/Schweiz: 120,- DM/sFr

Sextourismus in Tunesien aus der Sicht eines betroffenen Tunesiers.

Zu allen Filmen gibt es kostenlose Arbeitshilfen mit didaktischen Hinweisen und Angaben zu weiterführendem Material.

Bestelladresse Deutschland:
EZEF, Kniebisstraße 29
70181 Stuttgart, Tel.: 0711/925 77 50
Bestelladressen Schweiz:
Stiftung Bildung und Entwicklung,
Postfach, CH-3001 Bern
Tel.: (0041) 031/380 80 80
Arbeitskreis Tourismus und Entwicklung, Missionsstraße 21,
CH-4003 Basel,
Tel.: (0041)061/261 47 42

- **Stadt der Engel – Sextourismus in Bangkok**
  65 Dias und Tonbandcassette, dt., 11 Min., 1988, sFR 20,-

Bestelladresse Deutschland:
ZEB – Zentrum für entwicklungsbezogene Bildung, Tourismwatch,
Postfach 10 03 40
70747 Leinfelden-Echterdingen
Tel.: 0711/ 79 89 – 281/283
Bestelladressen Schweiz:
Stiftung Bildung und Entwicklung,
Postfach, CH-3001 Bern
Tel.: (0041) 031/380 80 80
Arbeitskreis Tourismus und Entwicklung, Missionsstraße 21,
CH-4003 Basel,
Tel.: (0041)061/261 47 42

- **Cannibal Tours (Neu Guinea)**
  VHS, dt., 70 Min., 1988, Verleih:
  Deutschland kostenlos o. gegen geringe Gebühr, Schweiz: sFr 30,-

Eine europäische Touristengruppe, bewaffnet mit Foto-, Film- und Tonbandgeräten im Sepik-Gebiet.

Bestelladresse Deutschland:
Verschiedene evangelische Medienzentren oder Landesbildstellen
Bestelladressen Schweiz:
Stiftung Bildung und Entwicklung,
Postfach, CH-3001 Bern
Tel.: (0041) 031/380 80 80
Arbeitskreis Tourismus und Entwicklung, Missionsstraße 21,
CH-4003 Basel,
Tel.: (0041)061/261 47 42

Freizeit – Reisen – Tourismus
Eine Projektmappe

Verlag an der Ruhr
NICHT NUR EINE UNTERRICHTSEINHEIT
Mehr in unserem kostenlosen Gesamtkatalog.

Literatur-Kartei: „Rolltreppe abwärts"
Bea Herrmann, Anneli Kinzel

Mit einem verlorenen Schlüssel fing alles an. Drei geklaute Bonbons und die Begegnung mit Axel – auch Kaufhaustreppen können auf die schiefe Bahn führen. Der 13-jährige Jochen begibt sich in eine Sackgasse – Fluchtweg ausgeschlossen. Die nächsten Diebstähle sind nicht mehr ganz so klein. Jochen wird erwischt und landet im Erziehungsheim. Aber dort wird alles nur noch schlimmer … Differenziert und einfühlsam beschreibt Hans-Georg Noack Jochens Rutschbahn in die Kriminalität. Er verzichtet dabei auf Schuldzuweisungen und zeigt stattdessen einen komplexen Teufelskreis auf, in dem Täter zu Opfern werden und umgekehrt.
Mittels dieser Literatur-Kartei können die SchülerInnen sich der Problematik „Jugendkriminalität" annähern und selber Stellung beziehen.
Ein Sachteil zum Jugendstrafvollzug vermittelt Informationen für Diskussionen.
Ab Kl. 6, 77 S., A4, Papph.
ISBN 3-86072-282-4
Best.-Nr. 2282
36,- DM/sFr/263,- öS

Kunst praktisch verstehen: Das frühe 20. Jahrhundert
Iris Lange-Niederprüm

Welche Inhalte waren für die Künstler wichtig? Was wollten sie mit ihren Werken ausdrücken? Welche künstlerischen Mittel benutzten sie? Es geht weniger um die „großen Maler" (obwohl man sie natürlich in nicht unerheblicher Zahl antrifft) als um einen Gesamtüberblick über die wichtigen künstlerischen Strömungen zu Beginn dieses Jahrhunderts.
Ab Kl. 4, 86 S., A4, Papph.
ISBN 3-86072-232-8
Best.-Nr. 2232
35,- DM/sFr/256,- öS

Lesetraining – vom Amateur zum Profi
Techniken, Spiele, Tricks
Lilo Seiler, Andreas Vögeli

In Ihrer Klasse sitzen neben echten Leseprofis sicher auch SchülerInnen, die lesetechnisch noch Schwierigkeiten haben.
Das Buch enthält kurze Übungsbausteine, die sich unabhängig voneinander bearbeiten lassen: Konzentrations- und Blicktraining, Satz- und Wortreihenfolgen, Text-Bild-Kombinationen etc. Jedes Kapitel trainiert schwerpunktmäßig eine lesetechnisch wichtige Fertigkeit.
(Kein Vertrieb in der Schweiz)
Ab Kl. 5, 103 S., A4, Pb.
ISBN 3-86072-201-8
Best.-Nr. 2201
38,- DM/sFr/277,- öS

Arbeitsblätter GL
Rolf Esser

Über 140 erprobte Arbeitsblätter, die LehrerInnen von der Routinearbeit entlasten. Zu vielen Themen der Bereiche Geographie, Geschichte, Politik und Soziales Leben finden sich Texte, Grafiken, Aufgabensammlungen, Gruppenarbeiten und Lernzielkontrollen. Die einzelnen Arbeitsblätter sind Themenschwerpunkten zugeordnet, die sich schnell zu einer Unterrichtseinheit zusammenstellen lassen oder aus denen Projekte entwickelt werden können. Die Systematik ist so angelegt, dass sie durch eigene Materialien ergänzt werden kann.
Ab Kl. 5, 145 S., A4, Pb.
ISBN 3-86072-192-5
Best.-Nr. 2192
45,- DM/sFr/329,- öS

Das große Übungsbuch zur neuen Rechtschreibung
Informationen, Spiele, Übungen, Lernzirkel
Thomas Klotz

Das große Übungsbuch zur neuen Rechtschreibung deckt die Kernbereiche der Rechtschreibreform ab: s-Laute, Zeichensetzung, Fremdwörter, Stammprinzip, Groß-/Kleinschreibung, Silbentrennung und Getrennt-/Zusammenschreibung. Hierzu gibt es auch ein großes Merkposter fürs Lehrer- oder Klassenzimmer.
OS/Sek. I, 160 S., A4, Pb.
ISBN 3-86072-301-4
Best.-Nr. 2301
38,- DM/sFr/277,- öS

Im Zoo – eine Aktivmappe
Materialien für Ausflüge, Erkundungen und Projekte
Twycross Zoo

Zoos sind phantastische Lernorte, für die man Kinder nicht lange begeistern muss!
Beobachtungs- und Erkundungsaufgaben helfen beim Lernen durch eigene Anschauung: Wie verhalten sich Tiere beim Schlafen? – Wie schützen sich Tiere gegen Kälte und Wärme?
Natürlich geht es auch um die Frage, ob Zoos Gefängnisse oder Rettungsinseln für Tiere sind.
Ab Kl. 4, 160 S., A4, Pb.
ISBN 3-86072-224-7
Best.-Nr. 2224
38,- DM/sFr/277,- öS

Biologie einfach anschaulich
Begreifbare Biologiemodelle zum Selberbauen mit einfachen Mitteln
Hans Schmidt, Andy Byers

Wie groß ist eine Zelle? Mit welchen Flossen lenkt der Fisch? Wie funktionieren Stimmbänder? Das ist spannend, wenn man mit allen Sinnen auf Entdeckungsreise geht. Ist Ihnen das handelsübliche Anschauungsmaterial zu teuer oder wenig begreifbar? Dann stellen Sie und Ihre Kinder doch selbst welches her. Eine Flasche mit Schnüren wird zum Polypen, Ballons werden zu Muskeln und Streichhölzer zu Chromosomen.
GS/Sek. I, 176 S., A4-quer, Pb.
ISBN 3-86072-235-2
Best.-Nr. 2235
38,- DM/sFr/277,- öS

Mathespiele für die SEK 1
Beat Wälti

Die Spiele sind ganz gezielt auf die Lehrplanthemen (Sekundarstufe 1) zugeschnitten und in mehreren Klassen erprobt. Sämtliche Spielvorschläge sind fertig ausgearbeitete Ideen für den Einsatz im Unterricht. Jedes Spiel lässt sich ohne großen Vorbereitungsaufwand durchführen. Zusatzmaterial beschränkt sich auf Würfel, Spielmarken und Kopiervorlagen. Die Spiele fördern das entdeckende Lernen, das Suchen nach neuen Lösungen sowie kooperatives Verhalten. Elemente der Spielbeschreibungen: Schulstufe, Gruppengröße, Einsatzthema, erforderlicher Erarbeitungsgrad des Themas, Material, Spiel- und evtl. Vorbereitungszeit, Spielregeln, Varianten.
Überarbeitete Neuauflage.
(Vertrieb in der Schweiz: sabe-Verlag, Zürich)
Kl. 6–10, 112 S., A4, Pb.
ISBN 3-86072-297
Best.-Nr. 2297
29,80 DM/218,- öS

Verlag an der Ruhr • Postfach 10 22 51 • D-45422 Mülheim an der Ruhr • Tel.: 0208/495040 • Fax: 0208/4950495 • e-mail: info@verlagruhr.de

Lernorte im Internet
Hilfreiche Adressen für Schule und Unterricht
Harald G. Grieser, Christine McCready
Global Village, Telepolis, Internet – der Datenhighway um unseren Globus ist angesagt. Aber kann das Internet auch mehr für den Unterricht liefern als SchülerInnen beim Surfen zuzugucken? Wir meinen ja, aber … Um im Internet eine bestimmte Information zu finden, muss man sich durch eine weitaus größere Menge von Datenmüll durchwühlen als in einer schlecht geordneten Bibliothek. Diese Arbeit nehmen wir Ihnen ab! Wir beschreiben Ihnen in Wort und Bild die produktivsten Lernorte nach Fächern geordnet, sagen Ihnen, welche Schulen schon am Netz sind, machen Vorschläge für Projekte im und mit dem Netz. Und wenn Sie zu den "newbies" gehören, finden Sie natürlich auch allgemeine Einführungen und Tipps für den Umgang mit der Technik und den Untiefen des "Web". Aktualisierte und weiter fortgeschriebene Fortsetzungslieferungen sind geplant.
96 S., 17,5 x 25 cm, Pb.
ISBN 3-86072-298-0
Best.-Nr. 2298
19,80 DM/sFr/145,- öS

Okkultismus
Materialien zur kritischen Auseinandersetzung
Wolfgang Hund
Der Grundlagenband zur kritischen Auseinandersetzung mit okkulten Phänomenen zeigt, was hinter den meist faulen Tricks steckt: ein Standardwerk für alle, die mit diesem Thema konfrontiert sind. Ob Astrologie, Hellsehen, Okkultrock, Telepathie, Satanismus … – detailliert werden die wichtigsten Phänomene vorgestellt, "seziert", erklärt und mittels einfacher Spiele und verblüffender Tricks nachvollziehbar gemacht. Und schnell wird klar: Alles fauler Zauber!
Ab 13 J., 220 S., A4, Pb.
ISBN 3-86072-226-3
Best.-Nr. 2226
49,80 DM/sFr/364,- öS

"Bleib ruhig!"
Entspannungs- und Konzentrationsübungen für Jugendliche
A. Packebusch-Scheer (Texte), H. Peter Meyer (Musik)
Atemwahrnehmung vor der Klassenarbeit? Das Ergebnis wird auch den größten jugendlichen Skeptiker überzeugen. Und nicht nur in Prüfungssituationen können die hier vorgestellten Übungen zum Spannungsabbau beitragen. Andere Übungen sind eher auf Bewegung ausgerichtet, tragen zur Lockerung der Muskulatur bei und beugen Haltungsschäden vor. Die Übungen können ohne besondere Vorbereitungen sofort umgesetzt werden. Erläutert werden sie im Begleitbuch. Komplettiert wird das Paket durch Musik und gesprochene Anleitungen. So können Sie selbst mitmachen oder "Ihre" Jugendlichen beobachten – und bestimmt ganz neue Seiten an ihnen entdecken!
Ab 10 J., Set in stabiler Pappbox, illustr. Anleitungsbuch (48 S.) + CD
ISBN 3-86072-328-6
Best.-Nr. 2328
38,- DM/sFr/277,- öS

Ich lebe viel
Materialien zur Suchtprävention
Eva Bilstein, Annette Voigt
Drogensucht kommt nicht von Drogen bzw. Drogenmissbrauch, sondern von betäubten Träumen und verdrängten Sehnsüchten. Deswegen geht es in dieser Mappe weniger um Suchtstoffe als vielmehr um ganze Personen mit all ihren Träumen, Schwächen und Stärken. Dazu gibt es Texte, Übungen, Lebensgeschichten, Interviews, Plakate, Gedichte und Bilder, die helfen sollen, sich ein wenig klarer zu werden über Ideale, Lebensziele und Wege dorthin. Mit Informationen zu Ecstasy und anderen synthetischen Drogen.
Erweiterte und aktualisierte Neuauflage.
Ab Kl. 7, 96 S., A4, Papph.
ISBN 3-927279-79-X
Best.-Nr. 0979
36,- DM/sFr/263,- öS

Arbeitsbuch zu "Sofies Welt"
Peer Olsen
Das Arbeitsbuch gibt Tipps für Lektüreeinstiege, stellt sinnvolle Textauswahlen vor und begleitet die Lektüre mit handlungsorientierten Aufgaben. Da gilt es z.B., einen Mythos zu verfassen, Platons Höhlengleichnis nachzuspielen oder scheinbar schwierige philosophische Sachverhalte ganz einfach in Plakatform zu gestalten. Die Info- und Arbeitsblätter geben praktische Hilfestellungen, den Roman gemeinsam zu lesen – sei es in VHS, Schule oder Lesegruppen.
Ab 14 J. 136 S., A4, Pb.
ISBN 3-86072-225-5
Best.-Nr. 2225
32,- DM/sFr/234,- öS

Konflikte selber lösen
Trainingshandbuch für Mediation und Konfliktmanagement in Schule und Jugendarbeit
K. Faller, W. Kerntke, M. Wackmann
Gewalt ist für viele Kinder und Jugendliche heute die nächstliegende und effektivste Möglichkeit Konflikte zu lösen: Nicht aus Lust, sondern weil sie keine anderen Möglichkeiten kennen, mit Konflikten umzugehen. Mediation ist ein Ansatz, der auch für Konfliktregelungen in der Schule geeignet ist. Schlichter sind hier andere Schüler und Schülerinnen, die den Konfliktparteien hinsichtlich Alter, Geschlecht und Ethnizität nahe stehen. Das Handbuch enthält ein Ausbildungsprogramm für diese Schüler und Schülerinnen, in dem ihnen Grundregeln und Techniken der Mediation und konstruktiver Konfliktaustragung vermittelt werden. Es bietet neben Grundüberlegungen zum Thema auch Organisationshilfen, das Curriculum und viele Beispiele für Spiele und Übungen.
Ab 10 J., 207 S., A4, Pb.
ISBN 3-86072-220-4
Best.-Nr. 2220
45,- DM/sFr/329,- öS

Lernspiele Religion:
Der christliche Glaube
T. Copley, A. Brown
Spiele mit Variationsmöglichkeiten, Spielplänen und -karten fördern weniger den Wettbewerb als die Kooperation untereinander. Wie wäre es z.B., die Ereignisse der Karwoche anhand eines Kartenspieles kennen zu lernen?
Ab Kl. 5, 68 S., A4, Papph.
ISBN 3-86072-236-0
Best.-Nr. 2236
35,- DM/sFr/256,- öS

"In Auschwitz wurde niemand vergast."
60 rechtsradikale Lügen und wie man sie widerlegt
Markus Tiedemann
"Hitler wusste nichts von der Judenvernichtung", "Alle Dokumente über die Judenvernichtung sind nachträglich gefälscht", "Die deutsche Wehrmacht war anständig und nicht an Morden beteiligt".
Wenn "Lüge" das einzige Argument auf diese Behauptungen bleibt, hat man in der Klasse oder der Diskussionsgruppe schon verloren und die geschulten Agitatoren von Rechts haben wieder ein Stück Terrain erobert. Um weiterhin solche pädagogischen und politischen Niederlagen zu vermeiden, sind in diesem Buch die gebräuchlichsten Lügen der rechten Geschichtsrevisionisten gesammelt, analysiert und widerlegt.
Alle benutzten Quellen und weiterführende Literatur sind sorgfältig zusammengestellt, sodass Weiterfragen und Weiterforschen ausdrücklich erwünscht ist.
Ab 13 J., 184 S., 16 x 23 cm, Pb.
ISBN 3-86072-275-1
Best.-Nr. 2275
24,80 DM/sFr/181,- öS

Verlag an der Ruhr • Postfach 10 22 51 • D-45422 Mülheim an der Ruhr • Tel.: 0208/495040 • Fax: 0208/4950495 • e-mail: info@verlagruhr.de